OLLIVIER POURRIOL

ON/OFF

Comédie

NiL

ISBN 978-2-84111-662-1

À Michel et Marlène

— Les animaux, ils ont des mondes. Un monde animal, c'est quoi ? C'est parfois extraordinairement restreint. Et c'est ça qui m'émeut. Les animaux, ils réagissent finalement à très peu de choses, il y a toutes sortes de choses qui... Tu me coupes, hein, si tu vois que...

— Gilles Deleuze, bobine deux.

— Une seconde... OK. Quand vous voulez.

L'Abécédaire de Gilles Deleuze,
avec Claire Parnet, « A comme Animal »

Aujourd'hui

— Aujourd'hui je me suis promené. Rue Saint-Jacques, je suis passé à l'endroit précis où j'avais entendu la voix, il y a un an. Un an déjà. Un an à peine. J'ai pensé à tout ce que je n'avais pas fait l'année passée. Tous les livres que je n'avais pas lus, ceux que je n'avais pas écrits, les questions que je n'avais pas posées. J'ai pensé à tous ceux que j'avais croisés. Tous ces regards, ces voix, ces silhouettes qui ne faisaient que passer. Et moi aussi, qui ne faisais que passer, un peu plus lentement peut-être. Aujourd'hui je me suis promené rue Dauphine, rue Mazarine, rue de l'Odéon, en pensant à ces amis d'un instant, entrevus, aussitôt évanouis.

— Amis, n'exagérons rien. Humains.

— Juste assez pour se serrer la main. Je me suis demandé s'ils étaient en train de se promener, eux aussi, s'ils étaient tous encore vivants, s'ils avaient le moindre souvenir de notre si brève rencontre, parfois juste un regard. Comment disait Baudelaire ? Un éclair, puis la nuit. Je me suis promené

avec eux, dans le silence de cette question, près du Théâtre de l'Odéon, et comme je ne trouvais pas la réponse, je suis allé boire un verre avec d'autres inconnus, à la santé de mes vrais amis, ceux sur qui je peux toujours compter, ceux pour qui Paris est tout petit. À ta santé, Jacques Prévert !

— À ta santé, mon vieux !

— À ta santé, Boris Vian !

— À ta santé, mon pote !

— À ta santé, Robert Desnos !

— À ma santé, je ne sais pas, mais à la tienne, bonhomme !

— Et à Jean-Louis Trintignant !

— Pourquoi donc, Trintignant ?

— C'est grâce à lui qu'on se parle.

— Trintignant ? Le gamin qui épouse Bardot dans Et Dieu créa la femme ? *Pourquoi lui ?*

— Vous voulez vraiment savoir ?

— Évidemment qu'on veut. Raconte.

— Ça vous intéresse pour de bon ?

— On dirait que ça t'étonne.

— Ben oui. On ne se connaît pas.

— Moi j'ai l'impression de t'avoir déjà vu. À la télé, c'est ça ? Je te tutoie, ne le prends pas mal. Comme disait l'autre, je dis tu à tous ceux que j'aime, même si je ne les ai vus qu'une seule fois. Alors, pourquoi Trintignant ?

— Je... ça risque d'être un peu long.

— J'ai tout mon temps. Hein les gars, on a tout notre temps ? Allez, à ta santé ! Raconte !

Aujourd'hui

— Tout a commencé rue Saint-Jacques. Il faisait beau, c'était fin juin. Je me promenais en pensant à je ne sais plus quoi, je crois que je ne pensais à rien. Au mois de juin. Mon téléphone a sonné. Une voix m'a demandé si j'étais bien moi. J'ai répondu oui. La voix m'a dit que c'était très urgent, qu'on voulait me rencontrer, pour me proposer une émission de télé. J'ai demandé : « Vous êtes sûre ? Vous ne vous êtes pas trompée de numéro ? » La voix a ri. C'était une jeune femme charmante et vive. Elle était sûre. Je l'ai prévenue : « Vous savez, je ne regarde pas la télé. » Elle a dit : « Moi non plus. »

— Cette voix me plaît.

— Elle m'a plu.

— Et après ?

— Après, j'y suis allé. C'était au bout d'une rue dans le quinzième. Une rue sans charme. Un bâtiment sans charme au bout d'une rue sans charme qui donnait sur un cimetière.

— Un cimetière ? Charmant.

— Oui. Je me suis dit ça commence bien.

— Une vanité. Pour garder les pieds sur terre.

— Une vanité. J'ai pensé la même chose. Une émission de divertissement qui se prépare avec vue sur la mort...

— C'est beau comme du Pascal. Memento mori. *Souviens-toi que tu vas mourir. C'est ce qu'un esclave murmurait à l'oreille des empereurs pendant les triomphes romains.*

— Bref. La fille de l'accueil fait un peu la gueule,

elle me fait poireauter près d'une heure, près d'une machine à café, en murmurant je ne sais quoi.

— Memento mori.

— *Peut-être. Je m'offre un café en contemplant les tombes. Au bout d'une éternité mon portable sonne. C'est la fille du rendez-vous, la voix charmante qui me cherche, ils m'attendent à l'étage au-dessus, elle et le rédac'chef. Je monte, on s'enferme dans un bureau avec des canapés, ça boit des cafés et ça fume à tire-le-mégot, la fille qui m'a parlé est enceinte, elle ne fume pas, du coup ça fume à la fenêtre, avec vue sur cimetière. On se tutoie, comme si on avait un passé. Je n'ai pas vu l'émission de la veille, mais on parle d'avenir.*

Juin

Bureau avec vue sur cimetière

— Alors, ça te tente ?

— Pourquoi vous pensez à moi ? Je n'ai jamais fait de télé, ou très peu.

— Tu connais l'émission. Tu es déjà venu, je crois, pour la promo d'un bouquin.

— Justement. C'est ce que je fais. J'écris des livres, je donne des conférences.

— Avec des films, si j'ai bien compris. *Matrix, Forrest Gump*, tout ça.

— Oui, et avec des philosophes. Des vrais. Spinoza, Hegel, tout ça.

— On sait. On trouve ça super, justement.

— Dans votre format, vous êtes sûrs que ça peut entrer ?

— Ça dépend de toi. Tu as envie d'y entrer ?

— Si vous avez envie que j'y entre, je peux vous proposer des choses.

— Pour l'émission d'hier, tu aurais fait quoi avec Ségolène Royal ?

— Je ne sais pas, c'était très bien hier. Je lui aurais demandé ce qu'elle pensait du texte de Philippe Muray sur son sourire.

— Quel texte ?

— Un texte très méchant, et très drôle. « Ce sourire-là n'a jamais ri et ne rira jamais, il n'est pas là pour ça. Ce n'est pas le sourire de la joie, c'est celui qui se lève après la fin du deuil de tout. Les thanatopracteurs l'imitent très bien quand ils font la toilette d'un cher disparu. » Luchini en a fait un spectacle. On aurait pu lui passer un extrait.

— Bonne idée. Autre chose ?

— De manière générale, vous pourriez confronter vos invités politiques à des images ou à des extraits de films, pour avoir autre chose que les réponses toutes faites qu'ils ont préparées pour répondre aux questions auxquelles tout le monde s'attend. On aurait un peu de vérité, peut-être.

— Et sinon, tu aurais des idées pour faire évoluer l'émission ?

— On pourrait faire une chronique sur les idées qui risquent de changer le monde, ou qui sont en train de le faire. Du journalisme d'idées à l'anglo-saxonne. Comme Malcolm Gladwell dans le *New Yorker*, par exemple.

— Et tu te sens de participer à l'interview des politiques ?

— Je ne suis pas journaliste.

— Mais tu pourrais poser des questions en plateau ?

— Je trouve ça intéressant de se tenir au carrefour et de pouvoir dialoguer avec tout le monde.

— Comme Socrate ?

— Socrate entre deux pubs, quand même.

— C'est l'année des présidentielles. On va avoir tout le monde. Ça va être passionnant.

— Toutes proportions gardées, Socrate aimait bien poser des questions gênantes aux puissants de son époque. Entre deux pubs on doit pouvoir en glisser une. Mais il faut me dire ce que vous attendez exactement...

— Ce qu'on veut, c'est quelqu'un qui donne son point de vue sans compromis sur les choses. Capable d'articuler une pensée, de développer une idée, mais en restant accessible.

— Un philosophe, alors ?

— Voilà, un philosophe. Un vrai. Ça te tente ?

Juillet

Bureau du rédacteur en chef

— Un philosophe, pourquoi pas ? C'est une idée.

— Vous savez, un philosophe... Je suis très flatté que vous pensiez à moi, mais il va falloir tout m'apprendre. Je n'y connais rien.

— Il sait qu'il ne sait rien. Comme Socrate.

— C'est déjà beaucoup plus que nous.

— Au moins, il est frais.

— Il sera parfait. Tu seras parfait.

— Mais pour faire quoi ?

— Pour donner de la hauteur à l'émission. Les rôles sont simples. Moi je passe les plats. La blonde, les questions de blonde. Le chauve les questions de chauve, la politique, la dette, tout ça. Et toi, tu es encore jeune mais tu as des cheveux blancs, il faut que tu donnes de la hauteur. Un éclairage différent.

— Différent à quel point ?

— Comme tu sais faire. Le philosophe ! Une pensée en quelques mots, un truc qui ne soit ni de la politique, ni de la question primaire, un truc... intelligent, quoi.

— Intelligent combien ?

— On n'est pas à Normale sup'. Intelligent, mais pas trop. Tu vois la crème dans le café ?

— Dans le café crème ?

— Voilà. Pareil.

— Et maintenant ?

— On n'a pas encore décidé. On voit des gens. Donc secret absolu. On te rappelle vite.

Au téléphone avec David

— Qu'est-ce que je lis dans *Libé* ! ?

— Qu'est-ce que tu lis dans *Libé* ?

— T'as pas vu ?

— Vu quoi ?

— Achète *Libé*, on parle de toi. Il paraît que... Non, tu me charries, tu n'as pas le droit de parler, c'est ça ?

— De parler de quoi ?

— Il paraît que c'est toi qui vas parler de littérature dans l'émission, là... ?

— Quoi, c'est dans *Libé* ?

— Donc c'est vrai ?

— Non, enfin oui, je les ai rencontrés, mais ils m'ont dit de ne rien dire, rien n'est sûr. Ils ne m'ont toujours pas rappelé.

— Ah parce que dans *Libé*, ça a l'air sûr. Il paraît que tu tiens la corde.

— Pas sûr, donc. Je me demande d'où sort l'info.

— Ça va vite, ces trucs. En même temps, tout le monde s'en fout, c'est pas un secret défense. Bon alors, c'est vrai ?

— C'est pas sûr, je te dis.

— Félicitations ! C'est génial !

— Calme-toi. Je te dis que...

— C'est génial, je te dis. Tu vas aller à Cannes, ça va être super, tu adores le cinéma, tu vas pouvoir faire ton film. Tu vas rencontrer plein de gens, je suis sûr que tu vas voir Bono.

— Respire !

— Génial, tu vas rencontrer Bono. Tu m'inviteras, dis ? J'ai un T-shirt collector de U2, qui date de 1983. Tu crois qu'il pourra me le dédicacer ?

— Arrête, putain, on dirait ma mère. C'est pas sûr, je te dis !

— Ah ouais, ta mère ! Elle doit être dingue !

— Elle s'est déjà abonnée.

— Pas besoin d'abonnement, l'émission est en clair, non ?

— Je sais. Elle s'est quand même abonnée.

— C'est pour te porter bonheur, mec. Elle est hyper *corporate*. Mais sérieux, c'est dans la presse, et ils ne t'ont toujours rien dit ? Rappelle-les, c'est le moment. Je suis surexcité. J'ai trop envie de savoir. Je suis trop content pour toi. C'est génial !

— Tu as raison. Je vais les appeler.

— Demande-leur pour le T-shirt, hein !

— Quel T-shirt ?

— Pour Bono !

— Je leur demanderai.

— Promis ? C'est quand même dingue. Quand on passait l'agrég', j'aurais jamais imaginé que la chaîne du porno voudrait te recruter un jour !

— C'est bizarre, hein ?

— Putain, les mecs. Ils veulent se payer un philosophe ! C'est une idée tellement... J'en reviens pas ! Bon, appelle !

— Si tu raccroches pas, je peux pas.

— Ah ouais, c'est vrai ! Bon. Je te dis merde, hein ! Tu m'oublieras pas, quand tu seras devenu une star ? Ton vieux pote. Je m'appelle David. OK ? Da-vid !

— David...

— Ouais, je te laisse. Allez. Je suis super content. C'est génial ! Un philosophe !

Bureau du directeur des programmes

— Un philosophe, pourquoi pas ? C'est une idée. Mais est-ce une bonne idée ?

— Un philosophe, ce n'est vraiment pas fait pour faire de la télé. Il sera frais. Il sera parfait.

— Mais pour faire quoi ?

— Pour donner de la hauteur à l'émission. Les rôles sont simples. Moi je passe les plats. La blonde, les questions de blonde. Le Basque, la politique, la dette. Lui, il donnera de la hauteur. Un éclairage différent. Un truc intelligent.

— Intelligent, mais...

— Mais pas trop, bien sûr. Le philosophe ! C'est l'année des présidentielles, on va casser la baraque.

— Moui. Pourquoi pas... Et vous, Ollivier, vous en pensez quoi ?

— Pour commencer, pardonnez mon retard, je...

— Oui, bon.

— Je trouve ça très excitant. Un nouvel univers...

— Non, c'est vrai, vous avez écrit sur le foot, le cinéma. Votre univers est proche du nôtre. Il faut voir si ça peut tenir sur la durée.

— Il faudra me former. Mais j'adore apprendre.

— On m'a dit qu'on vous avait approché.

— Oui.

— Une autre chaîne.

— Oui.

— Et ?

— J'ai dit non.

— Avant de connaître notre position ?

— Oui.

[Rires.]

— Vous avez vraiment répondu non avant de savoir si on vous disait oui ?

— Oui. Et puis c'était déjà dans la presse.

— J'ai vu ça. Justement, vous auriez pu en profiter.

— En profiter pour ?

— Faire monter les enchères.

— Ce n'aurait pas été très élégant, si ?

— Qu'est-ce que je vous disais ? Il n'est vraiment pas fait pour faire de la télé !

[Rires.]

Hall d'entrée de la chaîne, après l'entretien

— Encore désolé pour le retard. D'habitude je suis toujours à l'heure ou en avance.

— Ou en retard.

— Ou en retard.

— Ça arrive.

— Je ne comprends pas. Le rendez-vous le plus important de l'année, une demi-heure de retard. Ça fait un peu désinvolte, non ?

— Non, ça faisait... décontracté.

— Pas de RER, plus de taxis. L'angoisse ! Pourtant j'étais parti tôt. Merci pour le chauffeur.

— De rien, c'est normal. Tu aurais dû m'appeler plus tôt. Il ne faut pas hésiter.

— Un chauffeur, je n'ai pas l'habitude.

— J'aurais pu t'envoyer une moto-taxi sinon. Bon ben... Bienvenue !

— Alors c'est bon ?

— Oui.

— Mais c'est sûr ?

— Oui, c'est sûr !

— Sinon, vous ne m'auriez pas envoyé le chauffeur ?

— C'est vrai que c'était plutôt bon signe.

— Sans indiscrétion, à quel moment la décision a été prise ?

— À partir du moment où il t'a demandé pour l'autre chaîne, c'était bon. J'ai même envoyé un texto pendant la réunion pour dire qu'on te prenait toi. On est en retard pour la presse. Il faut qu'on t'intègre au dossier de rentrée.

— Pourquoi il n'a rien dit ?

— Pas besoin. C'est évident.

— C'est toujours comme ça ?

— Toujours.

— Et maintenant ?

— Pour le salaire, c'est le tarif habituel. Une chronique quotidienne cinq fois par semaine. En général on te propose une mensualisation, c'est plus simple. Mais c'est comme tu veux.

— On commence quand ?

— Mi-août. Vers le 20.

— Je dois faire quoi ?

— Tu verras au fur et à mesure. Je te préviens juste, ici on bosse dur. Si tu vas le voir dans son bureau, tu le surprendras souvent en train de regarder un DVD. Il voit plus de cent films par an, il est avide de culture. C'est vraiment un bosseur, moi il continue de m'impressionner.

— Et concrètement, je fais comment ?

— Si tu as une idée à proposer, tu vas le voir dans son bureau pendant la journée, et même si l'émission est une bouteille d'un litre dans laquelle tous les jours on fait rentrer deux litres, si tu as bossé, il fera toujours en sorte que ton travail passe à l'antenne. Il est très généreux. Tu vas voir. Tiens, le voilà.

— Alors, heureux ?

— Oui. Très.

— Bon ben, bonnes vacances.

Au téléphone avec Jérémie

— Tu m'entends ?

— Mal.

— Excuse-moi je suis à l'aéroport, en train de passer les contrôles. Alors ?

— C'est sympa de me rappeler. Alors c'est oui.

— Félicitations. Mais surtout, n'accepte pas leur offre.

— Pourquoi ?

— La première année, ils vont te payer mal, ils vont pleurer misère. Ils vont te proposer maximum dix brut par mois. Mais tu peux obtenir en négociant au moins moitié plus. Je les connais.

— Tu crois ? Mais si je négocie un salaire que je trouve déjà énorme, je vais passer pour un enfoiré, non ? Tu m'entends ?

— Allô ? Deux secondes, je vide mes poches... C'est le contraire. Si tu ne négocies pas ce salaire qui n'est rien pour eux, tu passeras pour un con.

— Rien pour eux ? C'est à ce point ?

— Tu connais l'histoire du mec en Jaguar qui rentre dans un mec en Deux-chevaux ? Le mec en Jaguar descend et gueule : « Merde ! Ma bagnole ! Un mois de salaire foutu en l'air ! » Le mec en Deuche : « Et moi, alors ! Un an de salaire foutu en l'air ! »

— Elle est bonne. Je la connaissais pas.

— Attends, c'est pas fini. Le mec en Jaguar hallucine. Il mate la Deuche, il n'en revient pas : « Putain, elle est chère, ta bagnole ! »

— Tu vois que c'est trop !

— Tu rigoles ? Dis-toi que ce que tu vas gagner par mois après une dure négociation, c'est moins que ce que gagne par jour le mec qui te recrute.

— Par jour ? Tu déconnes ?

— Ce que tu trouves trop, multiplie-le par trente, et tu commenceras à approcher de la vérité. Fais l'expérience mentale.

— J'y arrive pas.

— Vas-y, essaye. Trop, fois trente.

— Je peux pas. C'est obscène.

— Je dois te laisser, je passe le portique.

— Tu pars où ?

— Je ne t'entends plus. Mais négocie. Si tu ne le fais pas pour toi, fais-le pour eux. Au moins par politesse.

Au téléphone avec David

— Combien ?

— Ils ne m'ont encore rien dit.

— Pas possible. Tu dois bien avoir une idée. C'est quoi le bruit derrière toi ?

— Le feu d'artifice.

— Tu es où ?

— En Corse.

— Chez tes amis d'Ajaccio ?

— Oui. Et toi ?

— À Calvi. Viens me voir. Tu te sens comment ?

— Je crois que c'est la première fois depuis dix ans que je me sens en vacances, sans inquiétude pour la rentrée.

— C'est sûr, ça va te changer de ta vie précaire d'écrivain. Alors, combien ?

— On m'a dit un chiffre. Je n'y croyais pas moi-même.

— Tant que ça ?

— Plus.

— Un ordre de grandeur ?

— Ça fait par mois ce que mon père gagnait par an. À peu près.

— Il gagnait bien, ton père ?

— Par an, bof. Mais par mois !

— Allez, balance.

— Écoute...

— Combien ?

— Ce n'est pas l'argent, la question...

— Arrête. Combien ? Je dirai rien.

— À qui ?

— Tu vois, je connais personne, je peux rien dire.

— Entre dix et quinze.

— Net ?

— Brut.

— Pas mal. C'est comme si tu écrivais un livre par mois avec une bonne avance.

— Pas mal ? C'est une paye de ministre. Ou de chef de service en chirurgie.

— Tu le mérites.

— Tu plaisantes ?

— Tout a toujours un prix. Ce que tu trouves trop aujourd'hui, je te parie que dans un an, quand tu auras passé toutes tes soirées coincé entre Copé et Rihanna, tu trouveras ça normal, ou pas assez.

— Qu'est-ce que tu veux dire ?

— Pour ce prix-là, tu dois faire quoi ?

— La crème dans le café.

Août

Séance photo de rentrée

— Salut Philosophe !

— Salut Miss Météo !

— Salut le philosophe.

— Salut la chanteuse.

— Il est où, le chef ?

— Il est en train de sauter. Il fait le générique, là, tu sais le truc où on saute et on reste en l'air. J'ai failli me péter le genou tout à l'heure.

— Tu sautes avec tes talons de douze centimètres ? Dis donc t'es quasiment à poil avec cette robe. La météo va être chaude cette année.

— C'est moi ou il fait froid ici ?

— Salut tout le monde. Salut le philosophe. On t'a fait faire le tour de la maison ?

— Pas encore. Je viens d'arriver. On m'avait dit d'apporter un costume pour les photos, mais j'ai oublié mes clés dans le Sud, chez mes parents. Je n'ai que des T-shirts.

— On lui met une cravate au philosophe pour le *coming next* ?

— Le quoi ?

— Le truc où tu sautes, là.

— Oui, on va lui mettre une cravate.

— Tu la connais celle de la blonde qui rentre de vacances ?

— Non.

— Dans l'avion, elle se retrouve entre deux mecs, et elle dit : « Ça fait plaisir de vous revoir. » Les mecs, étonnés : « On se connaît ? » Elle : « Non. Je parlais à mes genoux. »

— Ah, c'était pas une légende, les blagues de cul ! Ça fait plaisir de vous revoir.

— On se tutoie ici, tu sais. Sauf si tu parlais à tes genoux.

— Merci pour l'accueil, c'est vraiment génial.

— Ils disent tous ça. Au début.

— Ah bon ?

— Oui. En général, ça ne dure pas.

— Ah ? Et on ne peut pas faire que ça dure ?

Visite guidée de l'*open space*

— Il ne m'a pas répondu.

— Il en a tellement vu, tu sais. Je te fais visiter ?

— OK.

— Là, c'est les fiches.

— C'est quoi ces livres en morceaux ?

— Quand on n'a pas le temps de lire un livre en entier, on le partage, chacune fait une partie. Parfois les invités changent au dernier moment, il faut pouvoir faire une fiche sur un bouquin en deux ou trois heures, donc on fait comme ça. Sinon, en général, c'est une seule personne par livre.

— Là, c'est les dépêches. Là, la doc'. Là, les stagiaires.

— Je suis furieux !

— Ça, c'est la connasse.

— La connasse ?

— La connasse. C'est lui qui veut qu'on l'appelle comme ça.

— Tu déconnes ?

— Ben ouais, évidemment. Essaye de l'appeler comme ça pour voir... Là, c'est la programmation. Tu vois le tableau sur le mur, tu as les invités sur quatre semaines. En bleu, c'est confirmé. En vert, c'est pas sûr. Là, c'est les abonnements.

— Salut le philosophe. Tous les jours tu auras sur ton bureau *Le Figaro*, *Le Parisien*, *Le Monde*. Tu veux que je te mette un *Libé* ?

— Oui. Merci.

— Si tu veux d'autres abonnements, tu me dis.

— Vous êtes déjà abonnés à *Mediapart* et « Arrêt sur images », j'imagine.

— Non. Personne n'a jamais demandé.

— Ce serait bien.

— On verra.

— C'est pas cher. Et *Causeur* aussi, j'aimerais bien. Sinon je peux m'abonner par moi-même.

— Je demanderai. Ça doit être possible.

— Là c'est ton bureau. Ton ordi. Ton courrier.

— C'est quoi, les caisses, là ?

— Y a tout l'été de bouquins, la rentrée littéraire... Tu en as pour deux ou trois jours à tout ouvrir et ranger. Et ça c'est le courrier de ton prédécesseur, mais tu peux le balancer.

— Si c'est perso ?

— En général on jette.

— Quand même ! Là il y a des enveloppes avec l'adresse manuscrite. Ça doit être pour lui.

— Tu peux être sûr que c'est des dingues. Neuf fois sur dix.

— Comment tu sais ?

— Quelqu'un d'assez con pour écrire à quelqu'un qui passe à la télé, t'es d'accord, faut être dingue.

— Je n'y avais pas pensé.

— Là c'est la tour de contrôle. Toute la logistique de l'émission, la régie, l'informatique. Au fond, le bureau du rédac' chef. Quand la porte est fermée, bon ben elle est fermée. Quand la porte est ouverte, ben il faut frapper.

— C'est toujours fermé, alors.

— Pas pour toi, tu es chroniqueur. Bon, tu vois, c'est un *open space*. C'est plutôt très sympa.

— Salut espèce de connasse !

— Ça va gros pédé ?

— Pédé, d'accord, mais pourquoi gros ?

— C'est vrai, j'oubliais : ton régime !

— Je l'ai fait toutes les vacances.

— Tu n'as pas bouffé que de la bite quand même ?

— Je ne te permets pas. Et toi, c'était bien la Thaïlande ?

— Non, Los Angeles.

— Moi aussi !

— Non ! ?

— Si.

— Bon. Tu as vu le film ?

— Il est bien ? Il a pas l'air bien.

— Tu l'as pas vu ?

— Tu crois que j'ai que ça à foutre ?

— Remarque, t'as rien raté. Une vraie merde. J'ai pas pu le regarder jusqu'au bout.

— Pourquoi on les invite encore, alors, ces cons ?

— Tout le monde les veut. Mais nous, on les a en exclu.

— Euh, pardon de vous interrompre. Je vous présente Ollivier, qui remplace...

— Tiens, salut. Là on bosse, mais il faut qu'on se parle vite. Je te fais signe dès que j'ai un moment. Reste dans le coin.

— Bon, tu vois, un *open space*, quoi.

— Sympa. C'est toujours comme ça ?

— Je te laisse le soin de le découvrir par toi-même.

— Et en haut ?

— À l'étage, tu as les bancs de montage, l'infographie. La machine à café. Et la terrasse. Bon, voilà. Je te laisse t'installer. Si tu as des questions, n'hésite pas : ne te les pose pas. Viens me voir.

— Alors c'est toi le philosophe ?

— Tout le monde me demande ça. Vous n'en avez jamais vu ?

— C'est la première fois que j'en vois un en captivité.

— Tu bosses aux fiches, c'est ça ?

— Ouais, tiens je suis tombée sur la fiche de ton bouquin sur le foot, quand tu avais été invité dans l'émission. Pendant la coupe du monde 2010.

— Ah c'est marrant, fais voir.

— Salut le philosophe. Quand tu es arrivé, avec ton T-shirt rouge ce matin, j'ai cru que tu étais le nouveau graphiste.

— Parce que les graphistes s'habillent en T-shirt rouge ?

— Non, je sais pas pourquoi j'ai pensé ça. C'est con. T'as pas l'air d'un philosophe, c'est tout.

— Merci. Et toi ?

— Ben je suis journaliste. Pourquoi, j'en ai pas l'air ?

— J'en sais rien. Comme vous êtes toutes jolies, on ne sait pas trop qui fait quoi.

— En fait, on doit toutes faire le casting pour la Miss Météo avant de bosser ici.

— Non ?!

— Non. Dis, t'es vraiment sûr que t'es philosophe ?

Entendu entre deux portes

— D'habitude pour la météo, on prend une *girl next door*. Avec toi, on a complètement changé d'approche.

— Une *girl* quoi ?

— *Next door*. La fille d'à côté. Jolie, mais pas trop. Qui a un truc, mais qui reste accessible. La voisine idéale, quoi. Avec toi, on a vraiment autre chose. On joue la star. Mannequin à quinze ans, de la personnalité, un physique d'extraterrestre. On va te brander *girly* pour que les gamines t'adorent, et en même temps tu as tourné dans des trucs un peu underground, sexy, provoc'. Ton film limite cul, là, ton court-métrage film d'horreur. Génial, d'ailleurs. Il y a tout un univers un peu gothique et *arty* qu'on n'a jamais eu jusqu'ici.

— Et c'est pas *next door*, ça ?

— Ah non, c'est pas *next door* du tout.

— Pourtant le film, on l'a tourné chez moi. Un

tout petit appart'. Avec mon mec. C'est *next door* à mort, ça !

— Non, c'est *home made*. Mais c'est chic. Ça fait *top model* avec un *twist*. Genre Kate et la coke. Un peu Bret Easton Ellis. C'est ton *American touch*. Par contre, il faut pas que ça sorte dans la presse *trash*, sinon on pourra pas te garder. Et pas de bite couilles en plateau, on va te faire un fan-club de gamines, alors cette année il faut être super clean. C'est les Présidentielles.

— C'est plus Miss Météo, c'est Miss France.

— Bite couilles, on a déjà trop donné. Y en a marre de la copine avec qui tu peux déconner en buvant des bières.

— Moi j'aimais bien.

— Là on va faire plus classe. C'est fini le *next door*. C'est *has been*. On va faire de toi une star.

Bureau du rédacteur en chef

— Bon, les livres, cette année, hein... au départ on n'est déjà pas une émission littéraire, mais avec les Présidentielles ça va être politique à tous les étages. Alors bon, les livres. Ceux des invités, quoi.

— Que des livres politiques ? Pas écrits par eux, en plus.

— Pas écrits par eux, mais lus par toi. Tu pourras faire des encadrés.

— Des encadrés ?

— Tu présentes le livre, et tu finis par une question. Une minute, une trente max. Tiens, fais ça avec le bouquin de Hollande. *Le Rêve français*.

— C'est pas un livre, c'est juste un recueil de discours.

— Eh ben t'as qu'à dire ça. C'est un livre, mais c'est pas un livre.

— Et les films, on peut en parler ?

— Les films, c'est juste de la promo, de l'humeur. On n'en parle pas vraiment.

— Mais tu m'avais dit que c'était une bonne idée de faire réagir les invités à des extraits de films.

— On n'est pas une émission de cinéma.

— Pas de littérature, pas de cinéma. On est une émission de quoi, en fait ?

— Nous, on est nous. On est ce qu'on veut. On est statutaires.

— Statutaires ?

— Comme *Vogue*. Comme *Vanity Fair*. Statutaires.

— Et moi, je statue sur quoi ?

— Toi c'est la culture, tu fais la culture. Au sens large.

— J'aurai une chronique tous les jours ?

— On n'a pas la place pour une chronique. C'est à toi de prendre la parole.

— Comment je prends la parole ? Tout le monde a sa chronique. Il faut m'en donner une si vous voulez que je prenne la parole.

— Non, tu n'auras pas de chronique.

— Et pourquoi ?

— Sinon ça fera système.

— Mais ça fait déjà système, tout le monde a sa chronique. Sauf moi. C'est quoi ce système où je suis la seule exception ?

— N'insiste pas. Non, c'est non.

Sur la terrasse avec vue sur cimetière

— T'es super bronzé ! Tu reviens d'où ?

— Los Angeles.

— Toi aussi ? Vous allez tous en vacances au même endroit ou quoi ?

— On est grégaires. Ça va, tu t'adaptes ?

— Je découvre. J'ai demandé une minute par jour. J'ai l'impression d'avoir été impoli.

— Tu sais, tu ne peux pas arriver et demander une chronique comme ça.

— Pourquoi ?

— Parce que. Ça ne marche pas comme ça.

— Ça marche comment ?

— Tu vois la plage ? Quand tu arrives trop tard et que tout le monde a déjà étalé sa serviette. Là, c'est pareil.

— Et comment je fais ?

— Il faut te faire ta place. Passer de l'huile dans le dos de ta voisine. Aller chercher une glace au maître-nageur. Lui présenter des copines sympas. Devenir pote avec le mec des parasols. Te rendre agréable. Indispensable, mais pas trop.

— Pourquoi, pas trop ?

— Trop, tu fais de l'ombre.

— Ah. Et ça, le mec des parasols n'aime pas ?

— Il faut jouer le jeu. Après, si tu es sage, la saison prochaine tu auras droit à ta serviette et à ton petit carré de plage.

— Tu veux dire que je n'aurai pas de chronique quotidienne cette année ?

— Moi je suis resté deux ans en plateau sans dire un mot. Et sans crème solaire.

— Et alors ?

— Je suis super bronzé.

En coulisses, juste avant la première

— Ça va aller, Ollivier ? T'as lu le bouquin ?

— Oui. Et toi ?

— Moi j'ai un truc infaillible quand un invité me demande si j'ai lu son livre.

— Tu veux dire quand tu ne l'as pas lu ?

— Je lui demande si c'est lui qui l'a écrit.

— Et alors ?

— Alors, en général on en reste là.

— Match nul. Mais tu ne lis jamais les livres ?

— Si. Toujours. La première page, la dernière page et la page 100.

— Pourquoi la page 100 ?

— Tu n'as jamais fait ça ? Comme ça, je connais le début, la fin, et si on parle du livre, je parle de la page 100. Quelqu'un qui arrive à la page 100, c'est qu'il a lu le livre. Je croyais que tu avais ton bac. Tu n'as jamais fait ça ?

— Tu lis trois pages par livre, quoi.

— Quatre. Avec la dédicace.

En régie

— Tu vois, là t'appuies sur un bouton. C'est ON. Là tu rappuies sur le bouton. C'est OFF. Toi c'est pareil. Quand ils allument, tu es ON. Quand ils éteignent, tu es OFF.

— Comment ça ? Ce n'est pas eux qui décident quand je parle, quand même.

— Tu crois ça ? Tu vas voir, essaye de parler si ton micro est coupé et que tu n'es pas dans le cadre. ON tu existes. OFF tu n'existes plus. Tu vois, c'est simple. C'est ici que ça se passe.

— Je vois.

— Ce qui compte, ce n'est pas vraiment la brièveté, mais plutôt la vitesse. D'abord pour piquer la parole. Il faut avoir le réflexe de commencer à parler avant d'avoir quelque chose à dire.

— Et après ?

— Après, tu te débrouilles pour garder la parole suffisamment longtemps pour qu'on monte le volume de ton micro et qu'on te filme.

— Parce que le micro n'est pas toujours ouvert ?

— Pour les nouveaux, il est souvent à zéro. Tu commences à parler, et le volume augmente après, parce que le mec du son règle ton volume en temps réel. Si tu parles avec le micro coupé et que tu n'es pas dans le cadre, c'est comme si tu n'avais rien dit. Tu parles dans le vide.

— Et tu arrives à penser à tout ça en même temps ?

— Non. Pour toi, c'est impossible. C'est trop tôt. Mais si tu arrives à avoir le son et l'image, alors tu peux penser à ce que tu es en train de dire. Il y a un côté *Starsky et Hutch*. Il faut sauter dans la voiture qui a déjà démarré. Ça ressemble à l'escrime. Ou à un duel au pistolet. Il faut tirer le premier. D'abord tu tires. Après, tu vises.

— Et quand tu as une chronique ?

— Là, c'est différent. Tu as forcément la parole. En général pendant une minute, une minute trente max. Et ta minute, il faut la bourrer. Enfin, c'est ce que font les nouveaux. Tu bourres, et tu essayes de battre le record du président Kennedy à trois cent vingt-sept mots par minute. Il faut savoir faire vite sans se presser. Tout ça avec le rédac' chef qui te parle dans l'oreillette... C'est comme un rallye. Ton texte est prêt pour le prompteur ?

— C'est obligatoire ?

— C'est conseillé si tu dois dire ton texte aussi rapidement.

— Je préfère ne pas le lire.

— Comme tu voudras.

— Ce sera plus naturel, non ?

— C'est toi qui prends le risque. Si tout le monde lit son texte et que tu improvises le tien, tu seras toujours un peu en retard sur les autres. Comme un acteur sans texte et sans souffleur.

— Je préfère comme ça.

— C'est un métier, tu sais.

— Je vais essayer quand même.

— L'antenne dans sept minutes !

— Je t'aurai prévenu. Bonne chance.

Invité François Hollande

Attention, ça va être à Ollivier.

MD : Ollivier, vous avez lu le livre de François Hollande, *Le Rêve français.*

OP : Je l'ai lu. Vous, vous l'avez dit. C'est un livre normal. J'ai trouvé que ça s'appliquait bien, c'est un livre présidentiel. Quand on ouvre un livre, on espère toujours. Un livre, c'est une promesse. Le titre fait rêver : *Le Rêve français*, ça commence bien. C'est un titre un peu à la Martin Luther King, à la Barack Obama. Après, on l'ouvre, et très vite ça se calme, en fait il y a des mots, il y a des phrases. C'est un livre essentiellement écrit de gauche à droite. Disons pour être honnête plutôt de centre gauche à centre droit. Pour le style, c'est un style de crise. Donc grande économie, grande rigueur. Pas de métaphores, ou très peu, j'en ai trouvé une page 228 : «L'Europe doit accompagner le Printemps arabe pour éviter que l'hiver des désillusions ne gagne.» Voilà.

Enchaîne.

OP : Sinon on a aussi : «L'égalité est toujours l'étoile polaire de la gauche.» Pas mal. C'est une citation d'un philosophe italien, Roberto Bobbio, que je ne connaissais pas. Donc on comprend : «printemps», «hiver», «polaire», un style un peu polaire lui-même. On sent, comme dirait Simone Weil, philosophe que vous citez également, on sent, comment dire, «le froid métallique de l'État».

Trop long.

OP : Réchauffé quand même par une ou deux acrobaties à la limite de la prise de judo...

MD : On va y venir.

OP : Vous écrivez : «C'est bien plus que l'égalité des chances, c'est la chance de l'égalité.» Il faudra creuser. Ou, encore mieux : «C'est l'état d'urgence qui a suscité l'urgence de l'État.» Pour faire un diagnostic, c'est un livre qui respecte les livres au sens où il ne prétend pas en être un. C'est un livre sérieux, un livre de rassemblement, qui rassemble des discours dans un premier temps. Un livre de paroles, écrit par un homme de parole, donc, puisque vous promettez, on s'en souvient, d'être un président normal.

C'est trop long, il faut finir.

OP : Tout en précisant que, pour être normal, il faut être exceptionnel. Et vous tenez parole, puisque c'est un livre exceptionnellement normal.

MD : Voilà.

C'est fini !

OP : J'ai tout de même une petite remarque. Mitterrand promettait en 81 d'abolir la peine de mort. C'était risqué. Vous, de manière plus consensuelle, vous voulez supprimer la peine de jeunesse. Je vais vous offrir un livre de Roland Topor, qui lui ne partage pas votre élan pour la jeunesse, je sais que vous avez de l'humour, donc vous allez l'apprécier, ça s'appelle *Mémoires d'un vieux con.*

Donne-lui le livre !

OP : Pardon, je n'ai pas le bras assez long. Roland Topor écrit : « Parlons-en, des jeunes. Les jeunes m'ont déçu, ils meurent trop tôt, on n'a pas le temps de s'attacher à eux. »

C'est vraiment fini ! Pose une question !

OP : Alors comment allez-vous faire pour faire aimer l'État aux jeunes ?

C'était trop long. Du coup on fait sauter la chronique de Jean-Michel. Désolé.

Sortie de plateau

— Désolé, j'ai été trop long. J'ai fait sauter ta chronique, du coup.

— Pas grave, ça arrive.

— Ils me parlaient dans l'oreillette en même temps que je parlais. C'est très déstabilisant. Ils me disaient que c'était fini. Et puis de finir par une question. Je serais bien resté sur Topor. Du coup j'ai bricolé une question, qui n'avait aucun intérêt.

— Pas grave, je te dis, c'est la première. On est tous passés par là.

— Je voyais bien qu'il s'impatientait. Il tapait avec son stylo, avec sa main. À la fin carrément avec son pied.

— Tout le monde a commencé un jour. C'est jamais fameux.

— Et j'ai quasiment balancé le bouquin de Topor dans la gueule de Hollande.

— La table est trop grande. Il faut donner le livre à une assistante, qui le donne à l'invité. Ça se prépare avant.

— Personne ne m'a rien dit.

— Tu vas à la soirée tout à l'heure ? Tu veux que je t'emmène ?

— Merci, c'est gentil.

Dans le couloir, avec François Hollande

— J'espère que vous ne l'avez pas trop mal pris. C'était ma première.

— C'est dur ce que vous m'avez dit, sur Simone Weil et le froid métallique de l'État. Mais c'est vrai. Pour la campagne on est obligé de faire de ces choses...

— Oui, vous vous présidentialisez, comme on dit. Mais ne vous durcissez pas trop non plus. En temps de crise, tout est déjà assez dur, les gens ont besoin de bienveillance, de rondeur, de douceur. D'humanité. Je ne vois pas pourquoi je vous dis ça, ce n'est pas mon rôle.

— Vous êtes philosophe, c'est ça ?

— Enfin, ici je suis incognito.

— Moi aussi. Mais il paraît qu'on ne peut pas le rester très longtemps. Merci pour le livre de Topor.

— Ça va, vous ne l'avez pas mal pris ?

— J'ai failli le prendre dans la figure, mais...

— Mais c'est un bon livre, vous allez voir. Je n'aurais pas dû vous le balancer comme ça, désolé. Vous voulez bien me dédicacer le vôtre ?

— Pour vous ?

— Non, pas pour moi. Pour des amis socialistes.

— Vous avez des amis socialistes ?

— Oui. Enfin, mes parents. Ça ne s'est pas vu, hein ?

— Non, en effet. Ils peuvent être fiers de vous. Vous n'avez rien montré de leur préférence.

Dans les étages du lycée Louis-le-Grand, avec les nouvelles chroniqueuses

— C'est joli, ici. C'est marrant de faire la fête de rentrée de la chaîne dans un lycée.

— Oui, débarquer sur un tapis rouge plein de photographes qui gueulent « À poil la Miss Météo », juste en face de la Sorbonne, et à deux pas du monument aux morts du lycée, c'est assez... différent.

— Différent de quoi ?

— De ce que j'ai connu.

— Tu étais élève ?

— Et interne. Vous voyez les fenêtres, là-haut ?

— On dirait des meurtrières.

— Je vous fais visiter, les filles ?

— Ah ouais, génial !

— Ils sont trop beaux, ces escaliers !

— Moi j'ai toujours rêvé de faire des études.

— C'est encore haut ? Je vais enlever mes talons, moi.

— Trop fort, le philosophe. Il emmène les filles de la soirée direct dans les étages, là où il y a les chambres !

— Attends de voir les chambres.

— Moi j'ai pris le champagne !

— Voilà, là c'était mon couloir.

— C'est fait exprès, la couleur des murs ?

— T'aimes pas le vert ?

— On dirait une prison.

— C'est le même but.

— Pour te punir ?

— Non. Pour te donner envie d'en sortir.

— Woaw ! Comment elles sont petites, les chambres !

— Six mètres carrés. Même un peu moins. Un matheux avait mesuré : 5,8. Avec une planche qui se rabattait comme bureau, et un lavabo pour pisser.

— Les murs ont l'air fins.

— On entendait tout.

— Fallait pas baiser fort.

— On faisait surtout des maths et du latin. Mais bon, en effet. Une fois j'ai entendu mon voisin pleurer, tout seul dans sa chambre. J'essayais de ne pas bouger.

— Pourquoi ? Tu étais en train de baiser ?

— Non. Pour ne pas le déranger.

— Et ça baisait quand même un peu ?

— On se branlait surtout.

— T'es con.

— Ça donne sur quoi, les fenêtres ?

— La rue Saint-Jacques. La Sorbonne.

— Et ce bâtiment, c'est quoi ?

— Le Collège de France.

— C'est joli.

— La nuit, on entendait des chats hurler. J'ai mis un an à comprendre que c'étaient les chats enfermés dans les laboratoires du Collège de France.

— Tu veux dire des chats pour faire des expériences ?

— Je ne sais pas ce qu'on leur faisait. Ils hurlaient toute la nuit.

— Bon, on y retourne ?

— Non, moi je veux visiter encore. C'est génial. On dirait un film de Tim Burton. Ça va où, là-bas ?

— Si tu montes, tu tombes sur les combles. C'était une prison pendant la Révolution française. On dit que Robespierre a été détenu là.

— Et de l'autre côté ?

— C'est l'escalier qui descend à la cantine. Un soir, un copain s'est tiré une balle dans la tête, juste là. Un samedi. L'après-midi, il m'avait emprunté ma carte de bibliothèque pour aller voir sa copine à Sainte-Geneviève, juste à côté. Il voulait la voir une dernière fois, pour lui dire adieu.

— Et ta carte ?

— C'est marrant, ç'a été ma première pensée. Quand on m'a dit qu'il était mort, je me suis dit le con, il m'a pas rendu ma carte.

— Dingue, la vue ! Ils sont tout petits en bas. Viens, on redescend, j'ai promis d'apporter du champagne aux figurants déguisés en mecs du Moyen Âge, là.

— Il s'appelait Sébastien.

— Tu es resté combien de temps en prépa ?

— Trois ans.

— Trois ans dans ta cage à poules ? Finalement je suis contente de ne pas avoir fait d'études. J'aurais pas supporté.

— Tu le sors d'où, le champagne ?

— Ils m'ont filé deux magnums en cuisine. Ils sont vachement sympas. C'est ouf d'être ici ! Regarde, ils sont tous là ! J'en reviens pas, j'ai l'impression d'être tombée dans ma télé ! Waouh ! Champagne !

— Bon les amis, moi je vais danser, j'ai le feu aux pieds.

— Tu viens, le philosophe ?

— Non non, allez-y, je vous retrouve après.

Dans la cour du lycée Louis-le-Grand, avec un chroniqueur

— Tiens, salut Ollivier. Tu te souviens de moi ? Je t'avais reçu pour un bouquin à la radio.

— Je me souviens. Tu vas bien ?

— Et toi ? Ça doit te faire bizarre cette ambiance, non ?

— Un *dance-floor* à la Michael Jackson dans la cour où on jouait au foot... Oui. C'est un peu sidérant.

— Tu étais élève ici ?

— Il y a plus de vingt ans.

— C'est sûr, là c'est contraste maximal. Quand tu étudiais Spinoza, tu ne devais pas te douter que tu finirais comme ça. T'as pas perdu ton temps. À peine arrivé, tu emmènes déjà les filles dans les étages.

— Je leur montrais. L'hiver, on prenait rarement plus d'une douche par semaine, tellement on se pelait dans les couloirs.

— C'est une autre planète. Tu vas pouvoir te laver tous les jours.

— On trafiquait des tickets de restau U pour se payer le cinoche.

— On a une belle vie. On est gâtés. Ça fait plus de dix ans que je suis là. Il suffit d'être à l'heure, souriant, à l'écoute.

— C'est tout ?

— Après, on peut avoir des conflits de valeurs. Ou des scrupules. Moi j'en ai eus, je me souviens.

— Et ?

— Je me les suis fait enlever. Un très bon chirurgien, je te donnerai l'adresse. Moi aussi j'ai failli faire des études bac + 12, Normale sup', tout ça. J'ai plein de copains qui l'ont fait. Au début Normale c'est génial, tu as même un salaire. Tu as connu ça. Tu passes du plateau-repas dégueu du restau U aux nappes blanches du Michelin.

— Moi j'allais toujours aux Fontaines, rue Soufflot. J'y ai claqué tous mes salaires. Et des voyages aussi. Le Maroc. San Francisco.

— Pour un étudiant, c'est inouï. Et puis au bout de dix ans à faire ta thèse avec toujours le même salaire, tu as un gosse, puis deux, tu es obligé de déménager dans un quartier moins cher, d'aller passer à nouveau les vacances chez tes parents... C'est la galère, la paupérisation des élites. Alors que moi, pour une heure de boulot par jour, je touche le loto chaque mois, et je peux rincer tout le monde, la famille, les amis, moi. Au moment de l'addition, c'est toujours ma tournée. Grand prince. Avant, je regardais les prix, dans les restos, les magasins. Maintenant je m'en fous. Je ne perds plus mon temps avec les questions d'argent.

— Tu n'as pas peur de t'habituer ?

— Je suis déjà habitué. Mais toi, fais gaffe. Continue à prendre le métro. Pour te souvenir de l'odeur, de la chaleur, de la promiscuité. Te souvenir de la vie d'avant.

— Tu le fais ?

— De temps en temps. Ça aide à tout accepter.

— À accepter quoi ?

— Regarde ce soir, ça te donne déjà une bonne idée. Tu es dans la cour Molière du lycée Louis-le-Grand. Et c'est plein de bourgeois gentilshommes.

— On est dans la cour Victor-Hugo. La cour Molière, c'est l'autre côté.

— C'est pareil. C'est plein de Quasimodos qui vont baiser des Esmeraldas.

— Ce n'est pas vraiment une soirée, c'est plutôt une installation.

— Tu as raison. On se croirait à la FIAC. Quelque part entre Matthew Barney et Andy Warhol.

— Andy qui ?

— Warhol, le copain de Lou Reed...

— Lou qui ?

— T'es con, tu m'as eu.

— Tu pars au quart de tour. Tu dois souvent expliquer qui est Warhol ?

— J'ai perdu l'habitude...

— Qu'on te comprenne sans décodeur ?

— Ça se perd vite, tu verras. On souffre les deux premières années, comme avec un membre fantôme, mais après c'est comme parler une nouvelle langue.

— Tu veux dire que moi aussi je vais plonger ?

— Tu n'as pas vraiment le choix. Tu sais ce que dit Spinoza. Quand on fréquente des gens trop différents de soi, il n'y a que deux possibilités : s'adapter ou mourir.

— C'est vrai que c'est dingue. On est lundi soir. Il est minuit. À quelques jours de la rentrée scolaire. Ils ont transformé Louis-le-Grand en boîte de nuit. Tout ce champagne, ces lumières, ce bruit, tous ces gens et tout ce fric à l'endroit qui est pour moi celui de la plus grande solitude et de la mélancolie étudiante, c'est un peu surréaliste. Je me demande quel est le message.

— Un jour, tu verras. Pas tout de suite, parce que ça prend du temps. Mais il y a une logique à tout ça.

— J'ai fait mon premier direct tout à l'heure. Un vrai cauchemar.

— C'est normal. Au début. Parce qu'il y a un début. On ne te reconnaît pas vraiment, on hésite, on ne connaît pas ton nom, on ne sait pas qui tu es. On ne t'applaudit pas encore spontanément, il faut le chauffeur de salle. Mesdames et messieurs, merci d'accueillir... Machin Bidule ! Ton nom sonne comme une langue étrangère. C'est toi, ce n'est pas toi. Tu as les projos dans la gueule, l'oreillette dans l'oreille et un balai tu vois où... Le temps passe de manière outrée, comme au cinéma. Tu comptes les secondes. C'est épuisant. Tu es Spider-Man, mais à l'envers. Lui est surnaturellement rapide, toi c'est pareil, mais en lent. Tu perçois tout dans une sorte de coton. C'est la ouate, c'est épais et inconfortable. Si tu penses que tu dois parler, tu souffres, tu es comme une Deux-chevaux coincée sur une aire d'autoroute, qui essaye de rentrer dans le trafic du retour des vacances. Ça fonce, tu laisses passer, ça pourrait être à toi, mais attention, une pensée te traverse l'esprit, l'autre a déjà ouvert la bouche, et ta chance est passée. À toute allure. Ça n'a pas commencé que c'est déjà fini. Rien n'a été dit. En tout cas, tu n'as rien entendu. Il faudra revoir l'émission pour percevoir des phrases, des intentions, un sens. Tous des Formule 1 et toi dans ta Deuche. Tu as un problème de rythme. Enfin, c'est ce qu'on va te dire. Tu vas voir.

— Et toi, comment t'as fait pour t'en sortir ?

— Tu connais *Butch Cassidy et le Kid* ?

— Oui. Les deux tueurs.

— Au début du film, quelqu'un demande au Kid : « Quel est le secret de votre succès ? » Tu te souviens de ce qu'il répond ?

— Non.

— La prière.

— La prière ?

— Bon moi je vais me coucher. On n'est quand même que lundi. Excuse-moi, j'aurais pas dû... Enfin. Au fait, j'ai oublié de te dire...

— Oui ?

— Bienvenue.

Septembre

Au restaurant avec David

— Et ils t'ont vraiment fait sauter pendant vingt minutes ?

— Oui. Pour le générique.

— Ça commence direct, le bizutage. Au moins ils annoncent la couleur. Allez, philosophe ou pas, hop ! Et qu'ça saute ! Et le bureau, ça ressemble à quoi ?

— Tu imagines ça comment ?

— Aucune idée. Du bois blond, de grandes baies vitrées, une fantaisie décorative dans un subtil écrin de luxe, quelque chose d'à la fois lisse, intelligent, élégant.

— Luxe, calme et volupté. Tu te crois chez Baudelaire ?

— Non. Tu vois la chanson de Michel Berger : « Superficiel et léger » ? La même chose, mais en architecture.

— Pas du tout. Plutôt *open space* tout plastique et mélaminé blanc, bien *cheap*, ambiance étagères Ikea en cours de montage, des tas de dossiers partout en cours de rangement, et des piles de bouquins...

— En cours de lecture ?

— Ben non, justement. En cours de pas lecture. En transit. Directement du stock de l'éditeur à un carton direction l'hôpital ou la prison, pour les bonnes œuvres.

— Et la conférence de rédaction ?

— Une grande table avec quelques places assises et beaucoup de monde debout dans une toute petite pièce. Ceux qui sont assis ont le droit de parler. Enfin, il y en a deux qui parlent, et les autres qui acquiescent ou modulent. Ceux qui sont debout ferment leur gueule et prennent des notes. J'y suis allé deux fois.

— Et ?

— Je suis resté debout.

— Et sinon, le reste, bonne ambiance ?

— Ambiance machine à café. Généralisée.

— Comme le cancer.

— Non. C'est vraiment sympa. Enfin, je crois.

Théâtre Édouard VII, Johnny Hallyday joue *Le Paradis sur terre*

JH : Il n'y a rien en ce monde, dans le royaume de ce monde, qui puisse être comparé à tout ce qui peut se passer entre un homme et une femme. Et cette chose-là, seulement cette chose-là, est unique, parfaite. Tout le reste c'est des conneries. Tu sais, presque tout le reste c'est rien que des conneries. Et si tu n'as jamais rien eu d'autre dans ta vie, et que tu as quand même connu ça, eh bien tu peux te dire que la vie vaut quelque chose, crois-moi. Tu peux rentrer chez toi dans une cabane, même s'il fait une chaleur torride et que tu n'as pas une goutte d'eau à boire, même si tu as faim et que tu n'as pas une miette de pain à manger, mais sur le lit s'il y a une femme qui t'attend, peut-être plus très jeune ni très jolie, et qui en te regardant te dit « J'ai envie de toi », là tu peux te dire... Tu peux te dire que la vie n'a pas été injuste avec toi. C'est comme ça que je vois les choses. C'est comme ça que je vois la vie maintenant, Myrtle. Et dans le royaume de ce monde, cette chose-là, c'est le paradis sur terre.

Dans les loges du théâtre

— Tu as trouvé ça comment ?

— Franchement ?

— Tu peux y aller. Je ne lui répéterai pas.

— Émouvant. Comme acteur, j'en sais rien, on doit pouvoir trouver mieux. Mais la situation était bouleversante. Que ce mec qui enflamme les stades ose monter sur les planches, je trouve ça dingue. Il a tout à perdre. Tout le monde l'attend au tournant. Il y va quand même. C'est beau, ce courage.

— En même temps, c'était presque le même public qu'à ses concerts.

— Quand il a pris la guitare, j'ai eu peur que quelqu'un crie « Johnny » !

— Tu as vu l'ambiance dans sa loge ?

— Il était claqué.

— Il sort de l'hosto.

— On aurait dit un torero après une corrida. Avec ses aficionados, ses grigris. Et la photo de Tennessee Williams, elle était belle. Qu'est-ce qu'il a dit, que c'était Michel Berger qui la lui avait offerte ?

— Oui. Et qu'elle lui portait bonheur.

— Tu as l'air de bien le connaître ?

— On a fait toute notre carrière ensemble. On a quasiment le même âge.

— Merci pour la soirée.

— À demain.

Invité Johnny Hallyday

[Johnny Hallyday entre sur le plateau. Le public l'acclame debout un long moment.]

AM : Heureusement que c'est pas comme ça au théâtre !

MD : On est tous allés au théâtre Édouard VII. C'est vrai, quand on vous voit en grande forme, on oublie très vite que vous avez eu des sérieux ennuis de santé. Comment allez-vous ?

JH : Ben moi je vais très bien. Mais bon, on va pas parler de mes ennuis de santé à chaque fois qu'on se voit quand même.

[Rires.]

JH : Je vais très bien, bon, voilà !

AM : On va vous parler de la coiffure alors. Parce que ça a été le *buzz* sur Internet. Quand vous avez fait le « 20 heures » de Claire Chazal, on vous a vu avec ces cheveux... Mais on s'est dit qu'est-ce qui se passe, est-ce que c'est par coquetterie ou bien est-ce que c'est pour la pièce ?

JH : Je suis censé – je suis châtain de nature, hein bon –, je suis censé avoir du sang noir dans la pièce de théâtre *Le Paradis sur terre*. Donc obligatoirement j'ai du sang noir, je peux pas avoir les cheveux blonds. Donc les cheveux noirs.

AM : Donc c'est pas de la coquetterie.

JH : Et j'ai le teint mat.

[...]

Ça va être à Ollivier.

MD : Du Tennessee Williams, tous les grands acteurs en ont joué, Ollivier.

OP : Ça vous met dans la continuité de Marlon Brando, dans *Un tramway nommé désir*. Il y a Burt Lancaster dans *La Rose tatouée*. Montgomery Clift dans *Soudain l'été dernier*. Il y a aussi Paul Newman dans *La Chatte sur un toit brûlant*. En fait, ce que je trouve formidable dans cette pièce c'est que quand on vient vous voir, on s'attend – vous êtes très attendu, vous êtes même guetté – mais ce qu'on voit, ce n'est pas Johnny Hallyday qui joue au théâtre, c'est... Vous êtes une légende. La preuve, ici, la manière dont vous êtes accueilli. Et là on vous voit vous promener dans vos légendes à vous, personnelles. Vous êtes au cœur de vos admirations.

JH : Oui.

OP : Vous vous promenez dans votre rêve d'adolescent, et je trouve ça, pour ma part, bouleversant. Ça vous rend extrêmement crédible. J'étais venu voir une performance d'acteur, et j'ai vu quelque chose... J'ai eu l'impression de voir la vérité d'un homme.

[Applaudissements.]

Putain ! T'as pas posé de question !

JH : J'ai surtout essayé, dans cette pièce en tout cas, j'ai essayé d'être Chicken avant tout et puis d'oublier le chanteur, d'oublier tout ce qui peut entourer – les qualités, les défauts qu'on peut avoir quand on est chanteur par rapport à être comédien.

OP : C'est Michel Berger qui vous avait écrit « Quelque chose de Tennessee ».

JH : Oui, bien sûr, d'ailleurs il m'avait même offert la photo, la grande photo de Tennessee Williams avec son chien, que j'ai dans ma loge d'ailleurs, qui me garde tous les soirs avant de monter sur scène.

Sortie de plateau avec un adjoint du rédacteur en chef

— Tu ne poses pas assez de questions. On t'a déjà dit qu'il fallait finir par une question !

— Je sais. Mais bon, la santé et les cheveux, c'était déjà fait. Je ne peux pas dire juste ce que j'ai ressenti ? Dire ce qu'on pense, ça amorce forcément un dialogue. Ça a bien marché, là. Il a parlé de Michel Berger, de la photo dans sa loge. Il était touché. Son attachée de presse me l'a dit.

— On s'en fout qu'il soit touché. Fais ce qu'on te dit, ce sera plus simple. Fais-nous confiance. Il faut finir par une question. C'est comme ça, c'est le format, c'est tout.

— Pourquoi ?

— Tu poses trop de questions.

Au téléphone avec Jérémie

— Tu as vu ? Tu te fais allumer dans *Marianne* : « Olivier Pourriol, dans le rôle de l'intello, a du mal à faire oublier son prédécesseur. » Lui, il t'a oublié un *l.* « Ce dernier était certes volontiers pédant, mais se donnait la peine d'une critique circonstanciée. Pour Pourriol, il semble que le travail s'arrête lorsqu'il balance à Hollande : "Votre livre a été écrit de centre gauche à droite." Il pense ensuite piéger le candidat avec une question tordue qu'on ne poserait pas à l'oral de Sciences-Po : "Comment faire aimer l'État aux jeunes ?" Ça mon vieux, c'est de la question ou je ne m'y connais pas. Mais ce n'est pas à celui qui a été premier secrétaire du PS pendant dix ans, qu'on apprend la langue de bois : "La priorité aux jeunes (...) s'adresse à toutes les générations. C'est rassembleur." L'intello encore un peu vert est rentré à la niche. »

— Pas faux. La question était pourrie. C'est vache, quand même, la niche. C'est la première fois que je me fais autant allumer. Surtout dans le journal qui vient de me recruter pour faire des chroniques cinéma.

— Ça va être sympa, les conférences de rédaction. C'est ça, d'être exposé. C'est la contrepartie.

— Quand même. Le premier soir, après l'émission, j'ai regardé Twitter. Je me faisais défoncer. Ça m'a miné.

— Twitter, ça sert à ça, c'est un défouloir. On a le droit d'y être très méchant, c'est une convention. Un espace de liberté.

— Ah ? Si je te dis que t'es un connard les yeux dans les yeux, tu vas mal le prendre, mais sur Twitter c'est bon, c'est ma liberté ?

— Faut pas regarder, sinon tu vas souffrir toute l'année.

— Fade, transparent, manque de charisme, coincé, pas drôle...

— Si tu survis, tu auras le cuir bien tanné. Avance, ne te pose pas de questions.

— En poser aux autres. Et s'en poser le moins possible.

— Voilà.

— Ce qui est délicat pour moi, c'est qu'au fond je trouve ça con de poser une question à un artiste.

— Là, c'était pas un artiste.

— À un homme politique, d'accord, il est là pour répondre de ses actes, et des valeurs qu'il défend. Mais un artiste digne de ce nom n'a aucune idée de ce qu'il fait. C'est complètement débile de lui poser des questions. Tu as déjà vu un peintre dans un vernissage ?

— Plein.

— Il se bourre la gueule pour supporter les questions.

— Même sans questions, un peintre se bourre la gueule.

— Je veux dire, c'est pareil pour un écrivain, un acteur, un réalisateur.

— Tu as raison, ils se bourrent tous la gueule.

— Non. Mais s'ils font des objets, s'ils créent des œuvres d'art, c'est pour ne pas avoir à répondre à des questions. Si tu veux absolument les faire chier, pose-leur des questions.

— Tu récuses le sens même de l'émission. Tu ne peux pas être là où tu es et penser ça. Ça n'a pas de sens. Tu es là pour poser des questions, pas pour t'en poser.

— Mais je ne m'en pose pas. C'est quelque chose que je sais. On ne pose pas de questions à un artiste. Tout est dans son œuvre.

— Pourquoi tu as accepté d'être là, si tu penses ça ?

— C'est une bonne question.

— Tu vois qu'on peut en poser.

Briefing avec un adjoint du rédacteur en chef

— Tu as vu comment il fait, il les astique, il les suce, il les pompe, ça fait des années qu'on subit ça. Si tu l'écoutes, tout est formidable. Aucun esprit critique, jamais. Alors vas-y à fond, balance, on compte vraiment sur toi.

— Je ne sais pas si...

— N'aie pas peur de taper trop fort, qu'au moins il se passe quelque chose. La télé, ça doit être en relief. Faut y aller. Vas-y plus. Vas-y, quoi.

— Tu es sûr que je peux ?

— Non, tu dois. Tu es là pour ça. On compte vraiment sur toi. Tu as aimé le film ?

— Franchement ?

— Ouais je sais. Je n'aurais même pas dû te demander. Justement, tu devrais avoir des choses à dire. Mais surtout, surtout, quoi que tu dises, fais simple, et finis par une question. Fais-les réagir. C'est tout ce qui compte.

Invités Franck Dubosc et Valérie Lemercier

OP : Votre film ressemble un peu à un film d'horreur. Ça commence comme une comédie à la *Bienvenue chez les Ch'tis* et on pourrait se dire que c'est un peu *Bienvenue chez les cons*. Parce que c'est le principe de départ : vous êtes un con qui arrive et qui transforme la vie de tout le monde. Est-ce que vous n'en avez pas marre de jouer les cons et ne rêveriez-vous pas de faire un *Tchao Pantin* ? Ou alors est-ce que c'est supérieur comme plaisir de jouer les cons dans un film ?

VL : Alors d'abord, avant que Franck réponde, j'aimerais dire qu'il faut être très intelligent pour jouer les cons.

OP : Je n'ai jamais dit le contraire. Je ne confonds pas la personne et le rôle.

FD : Vous avez dit *Bienvenue chez les cons*, or c'est un con qui va chez les autres. Si c'est parce que vous ne connaissiez que *Bienvenue chez les Ch'tis* comme comédie, il fallait en trouver une autre. Vous me demandez si j'en ai pas marre. Mais j'ai envie de demander aux journalistes s'ils n'ont pas marre de me poser cette question. Jugez mes films et pas ma carrière, je m'en charge.

OP : Écoutez, je ne voulais pas vous blesser. Si je vous ai blessé, je vous présente mes excuses. Je pensais à la comédie italienne où il y a des rôles de cons superbes, comme Vittorio Gassman chez Dino Risi, dans *Le Fanfaron* par exemple. Je me demandais simplement si c'était particulièrement jouissif pour un acteur de jouer un rôle de con, au point de ne plus vouloir jouer que ça.

FD : Bon, c'est vrai que vous prenez un peu pour tous les journalistes. Vous ne m'avez pas blessé. Je réagis vivement, mais ce n'est pas ma faute si personne ne m'a proposé de *Tchao Pantin* et si on me propose toujours les mêmes rôles. En même temps, il faut dire que je joue particulièrement bien les cons. Voilà. Je le reconnais. C'est un peu mon fonds de commerce.

VL : Je voulais juste dire que moi aussi je fais très bien les connes, et qu'on ne me propose pas assez de rôles de conne.

Sur la terrasse avec vue sur cimetière, avec le producteur

— Tu as vu l'émission ? Tu étais très bien.

— Pourquoi vous avez coupé quand je lui présente mes excuses, et que l'échange devient sympa ? Du coup, il ne reste que le début, je passe pour un connard qui balance une insulte et puis qui se fait moucher.

— Pas du tout. C'est très bien ce que tu as fait avec Dubosc. Je te garantis que ça va y aller sur les blogs. On va dire qu'on pose de vraies questions, un peu piquantes. Qu'on est une vraie émission, pas juste une vitrine.

— Mais pourquoi couper quand ça devient humain ?

— C'est très bien comme ça, ça a plus de relief. Fais-moi confiance, je suis le producteur, on sait ce qu'on fait. Voilà, on est un vrai *talk show* à l'américaine, avec du point de vue, sans complaisance. De la promo mais intelligente et un peu risquée pour les invités. On bouscule, mais on ne fracasse pas. On titille et on finit dans un éclat de rire. Tu étais parfait.

— Tu trouves ?

— Tu sais pourquoi notre émission s'appelle comme ça ?

— Parce que vous trouvez toutes vos idées en lisant le journal ?

— Ça, tout le monde le fait. C'est le matin dans *Le Parisien*, c'est le soir chez nous.

— Et c'est ce qui fait de vous une grande émission ?

— Non. C'est parce qu'on est statutaires.

— Ah oui, j'ai déjà entendu ça.

— On définit les grandes tendances.

— Vous les définissez ?

— Comme *Vogue*. Quand les gens lisent *Vogue*, c'est pour savoir ce qu'ils doivent penser.

— Tu veux dire porter ?

— Oui, bon, c'est pareil.

— Et statutaires, ça vous suffit ?

— Statutaires.

— Tu trouves que j'ai une gueule de statutaire ?

— Il ne tient qu'à toi. Tu es parfaitement soluble dans l'ADN de l'émission.

En coulisses avec un technicien

— La honte.

— N'exagère pas.

— Je me retrouve quasiment à le traiter de con.

— J'ai vu, il a pas aimé.

— Au début, j'ai pas compris. Quand j'ai vu que je l'avais blessé, j'ai fait machine arrière. Du coup, l'échange dans son intégralité commence dur et finit doux, avec une vraie réponse de sa part. Les excuses ont été coupées au montage, il ne reste plus que la caricature et l'agressivité.

— C'est le problème. Si ça n'existe que pour toi, ça n'existe pas. Ça n'a jamais existé. C'est ça, la télé. Mais ça a dû faire du *buzz*, ils doivent être contents. C'est tout ce qui compte.

— J'ai pas envie de servir à ça.

— Si tu ne veux pas te faire piéger, quand tu parles il ne faut dire que des phrases qui n'ont pas besoin de contexte pour être comprises. Comme ça, si on coupe tout autour, ça veut encore dire la même chose.

— Mais ce n'est pas possible. Ou alors il ne faut dire qu'une phrase.

— Exactement. Tout ce que tu as à dire, il faut le dire dans ta première phrase. Il faut toujours faire comme si tout le reste allait être coupé.

— D'une certaine manière, il ne faut dire que des premières phrases.

— Voilà.

— Ou même ne dire à chaque fois qu'une phrase.

— Encore mieux.

— Mais si je ne dis qu'une phrase, je deviens encore plus facile à couper.

— C'est le problème. Sauf si tu la répètes en boucle.

— Ah ça non, quand même.

— Ça marche. Ils le font tous. *Écoute* l'émission, tu vas voir. Pars du principe que même sans montage, on ne perçoit qu'un dixième de ce que tu veux dire. Donc mieux vaut répéter dix fois la même phrase.

— Je peux pas faire ça.

— Alors tu risques d'être coupé.

— Je crois que plutôt qu'être coupé, j'aurais préféré carrément ne rien dire. Au moins on n'aurait pas pu déformer mon silence.

— Détrompe-toi. Ne les sous-estime pas.

En voiture avec une chroniqueuse

— À quoi tu penses ?

— Je réfléchis.

— Il faut que tu tournes à droite au feu.

— Non, pas à ça. Je connais le chemin.

— Tu as l'air toute mélancolique. C'est la première fois que je ne te vois pas sourire.

— Non, ça va.

— C'est bizarre ce qu'on vit.

— On m'avait prévenue. « Tu vas voir, au bout d'un mois, tu ne supporteras plus personne, à part ceux qui font de l'antenne avec toi. » Les autres ne peuvent pas comprendre. Tout est trop... trop !

— Hier j'ai déjeuné avec une amie. On se connaît depuis quinze ans. Je ne sais pas pourquoi, ce matin elle m'a écrit un mail pour me dire qu'elle ne me reconnaissait plus, et qu'en trois semaines j'étais devenu comme tous ces connards de la télé. Je me suis demandé si ça venait d'elle ou de moi. On dirait que tout est... vrillé.

— Tout part en vrille, c'est vraiment ça. Heureusement que je continue mes concerts. Si je ne chantais pas...

— Tu arrives à passer du plateau à la scène ?

— C'est plutôt dans l'autre sens que c'est difficile. Sur scène j'ai le trac mais je me sens chez moi.

Sur le plateau... j'arrive pas à parler. Je veux dire un truc...

— ... Et ça sort pas ?

— Non, ouais, enfin ça pourrait sortir mais à chaque fois c'est trop tard, quelqu'un l'a déjà dit.

— Ils ont du métier, c'est normal. Moi c'est pareil, tu sais. On en est tous... Fais gaffe, c'est orange.

— J'en ai parlé à...

— C'est rouge !

— Merci. Elle m'a donné un conseil très simple. Elle m'a dit : je vois bien que quand je pose une question, tu allais poser la même. Le problème c'est que tu réfléchis avant de poser ta question, alors que moi je la pose. Il ne faut pas réfléchir avant de parler, sinon quelqu'un parle avant toi. Il faut être plus intuitive. Plus rapide. Pas de filtre : directement de ta tête à ta bouche. Et encore. Directement de ta bouche, c'est mieux.

— En fait le choix est simple. Est-ce que tu préfères passer pour muette ou passer pour une conne ?

— Voilà.

— Et alors ?

— Alors je réfléchis.

— C'est vert, tu peux y aller.

Octobre

Au bureau, avec un adjoint du rédacteur en chef

— Tiens, Ollivier, pour demain, j'aimerais que tu parles de ce livre.

— Elle est déjà prête, ma chronique.

— Mais enfin, on ne travaille pas comme ça.

— Tu m'as dit de choisir trois livres.

— On les choisit ensemble.

— Je pensais que j'étais le chroniqueur littéraire... Qu'on me faisait confiance...

— Non non non. On ne fait pas du tout comme ça.

— Vous ne faites pas confiance ?

— Ce n'est pas ça, mais il faut choisir des livres dans l'esprit de l'émission. Il faut que tu m'en parles avant.

— L'esprit de l'émission ?

— Oui. Déjà, je te l'ai déjà dit, il faut choisir trois livres en rapport avec l'actu.

— L'actu ?

— L'anniversaire de la mort de Marilyn, c'est parfait.

— C'est de l'actu, ça ?

— Un anniversaire, c'est de l'actu. Ou un événement marquant dans la semaine.

— La rentrée littéraire, par exemple ?

— Ah non ! Pas d'actu culturelle. De l'actu actu, quoi. Ce serait bien que tu me donnes ton texte le mercredi pour le vendredi.

— Donc il faut attendre un événement marquant, puis choisir trois livres en rapport avec ça. Mettons : le mardi il se passe quelque chose. Le mercredi matin, j'ai trouvé trois bons livres sur le sujet, que j'ai lus dans la nuit, et je te donne mon texte. Comment tu veux que je fasse ? Rien que ton bouquin, là, il fait six cents pages. Je n'aurai jamais le temps de le lire pour demain.

— Mais tu ne comprends pas. Personne ne te demande de le lire.

— Comment tu veux que je conseille un livre que je n'ai pas lu ?

— Tu peux le respirer, le livre.

Dans un bar avec David

— Il t'a vraiment dit ça ?

— Moi, pour respirer un livre, il faut que j'en lise au moins cent pages.

— Sauf si c'est de la merde. Là tu as l'odeur dès les premières lignes.

— C'est surtout le geste qui était incroyable. Il a pris le livre, il l'a feuilleté sans le regarder, comme si le vent qu'il faisait avec les pages était chargé de sens, diffusait le parfum du livre.

— J'ai lu un bouquin comme ça où le mec lisait un livre juste en le touchant. C'était un truc de SF. J'ai lu ça en CM2. *Niurk*, de Stephen Wul. Génial.

— Tu l'as lu ou tu l'as juste touché ? Non, parce que dans le genre il y a *Matrix*, aussi. Tu télécharges un logiciel et hop ! Tu connais le kung-fu !

— Putain, mec. Tu es entré dans la Quatrième Dimension. Tu bosses avec des mutants, tu partages ton bureau avec des X-Men. Ils respirent les livres ! Moi je croyais qu'ils marchaient à la coke. Mais non, les mecs ils sniffent Proust. On aura tout vu. Comment tu vas faire pour survivre ?

— Aucune idée.

— Qui vient demain ?

— Stéphane Hessel.

— Parfait. Va le voir avant pour organiser la résistance sur le plateau. C'est son truc, le plateau, les Glières, tout ça. Tu es tout pâle. Tu veux un autre mojito ?

— Ah non merci, ça suffit.

— Attends. On te demande pas de le boire, le mojito. Tu peux le respirer.

Dans la loge de Stéphane Hessel

— Bonsoir monsieur Hessel. Je ne vous dérange pas longtemps, on va se voir tout à l'heure sur le plateau. On aura très peu de temps, quelques minutes. Comme vous parlez beaucoup de poésie dans votre dernier livre, je me disais que vous pourriez nous dire un court poème. Vous aimez beaucoup Apollinaire, je crois ?

— Oui. Mon préféré, c'est « La jolie rousse ». Ce n'est pas très court. Mais on y trouve le plus beau vers d'Apollinaire.

— Vous seriez d'accord pour le dire ?

— Avec plaisir ! Ce n'est pas tous les jours qu'on me demande de réciter un poème sur un plateau de télé.

— Puisque vous n'aurez pas le temps de dire grand-chose, autant dire un poème, non ?

— C'est ce que vous faites d'habitude ?

— Moi non, je ne peux pas. Mais vous, vous avez tous les droits, alors j'en profite !

Invité Stéphane Hessel

SH : Il faut une réforme très profonde, et le premier aspect doit être une réforme de l'éducation. C'est ce qu'Edgar Morin...

MD : Qui coécrit le livre.

SH : Moi j'ai une petite part dans ce livre. Lui il a la grande part, il a vraiment réfléchi, eh bien une réforme profonde de l'éducation...

OP : [...] Vous faites une proposition politique un peu générale, un peu vague, c'est un peu une gauche utopiste, et puis après vous faites une proposition concrète, qui est de remettre de la poésie dans la vie. J'ai l'impression qu'on s'en sort mieux avec Baudelaire qu'avec Martine Aubry ?

SH : Avec les deux. Il nous faut Martine Aubry.

OP : Ah !

MD : Ah, on va y venir.

SH : Mais nous avons besoin de Baudelaire et Rimbaud.

MD : Alors on va...

SH : Vous voulez un petit Rimbaud ? Non ?

OP : Non. Un petit Apollinaire, non ? C'est votre vers préféré, je crois.

SH : Vous préférez un petit Apollinaire ?

OP : Oui.

SH : Mais alors court.

JMA : Très court.

OP : Un petit vers.

SH : Un vers d'Apollinaire, le plus beau qu'il ait écrit à mon avis, qui dit : « Nous voulons explorer la bonté... contrée énorme où tout se tait. »

[Applaudissements.]

Au restaurant avec la Miss Météo

— Salut les enfants. Je vous ai mis la table là-bas. Au soleil. Il fait encore beau, on en profite. Ça vous va ?

— Merci Erwan. Dis donc t'es vachement bronzé.

— Non, ça c'est un petit reste d'hier soir. On a fait une soirée dégustation. Je vous mets un petit verre de blanc pour commencer. Avec un melon et du jambon.

— Et une assiette d'antipasti pour moi.

— Tu préfères pas les Saint-Jacques ?

— Mets-nous les deux. On va partager.

— Tout en même temps ?

— Oui, je suis à la bourre, j'ai un bouquin à finir pour l'émission de ce soir.

— OK, on envoie !

— Fais voir ton bouquin. Moi aussi j'aime lire. Mais personne m'envoie de livres, à moi. Ça parle de quoi ?

— Vergès et Dumas veulent faire accuser Sarko de crime contre l'humanité en Libye.

— Et ça te suffit pas, les fiches, pour un livre comme ça ?

— C'est pas pareil.

— Tu lis vraiment tous les livres en entier ?

— Ben je suis payé pour ça, non ?

— Et tu arrives à lire au bureau ?

— Non. Y a trop de bruit. On peut pas travailler. Je suis obligé de lire chez moi, ou au café. Souvent je me mets ici, ou à côté. Dans le jardin, quand il fait beau.

— Fais gaffe à pas arriver trop tard au bureau, quand même.

— Pourquoi ? Faut bien que je bosse, non ?

— Quand l'écrivain est venu, là. L'Américain. Mignon, avec des lunettes. Genre Superman dans le civil.

— Franzen ?

— Il avait l'air énorme son bouquin.

— *Freedom*. Plus de six cents pages.

— Et tu l'avais lu ?

— Oui. Ça m'a pris le week-end.

— En entier ?

— Oui, le livre en entier.

— Non mais je veux dire : le week-end en entier ?

— Écoute...

— Six cents pages pour *une* question !

— Ah OK. C'est là que tu voulais en venir...

— Remarque, au moins, celle-là, tu l'as posée.

— Ouais.

— Et il y a répondu ?

— Tu sais, en deux minutes... On ne peut pas vraiment parler de littérature.

— Attention les enfants, je vous dérange deux secondes. Voilà les assiettes.

— Merci Erwan. Et ils étaient contents ?

— Qui ?
— Ben... eux.
— Ben non. Comment veux-tu qu'ils soient contents ? Ils invitent un écrivain en lui donnant deux minutes. Ça peut pas bien se passer. Tiens, passe-moi une olive.

Invités Jacques Vergès et Roland Dumas

MD : Mais tout de suite deux stars du barreau qui cultivent leur réputation sulfureuse, maîtres Roland Dumas et Jacques Vergès, que voici.

[Vergès et Dumas font leur entrée sur la musique du « Muppet Show ». Chacun s'aide d'une canne.]

MD : Bonsoir. Installez-vous. Bonsoir maîtres. Alors vous êtes les auteurs de ce petit livre qui sort ces jours-ci, avec le bandeau *Dumas et Vergès accusent. Sarkozy sous BHL*. Alors vous y allez très très fort, euh...
JV : Vous trouvez ?

[Vergès n'est pas encore assis, et a répondu en restant debout.]

MD : Asseyez-vous. Asseyez-vous.
AM : Ah oui, asseyez-vous.
RD : Ne t'en va pas tout de suite !
MD : Talleyrand disait : « Tout ce qui est excessif

est insignifiant. » Vous n'avez pas l'impression d'être excessifs dans ce livre ?

JV : Non.

RD : Excessifs, peut-être, c'est à vous de dire, mais pas insignifiants.

MD : Jean-Michel, vous avez trouvé ce livre comment ?

JMA : Euh...

AM : Excessif.

JMA : Méprisable.

MD : Non !

JMA : Si. C'est un mauvais pamphlet des années trente. Des accusations gratuites. Des insultes. Un livre méprisable, voilà. Vous me demandez comment je l'ai trouvé, je vous réponds. Le titre est très ambigu, *Sarkozy sous BHL.* Je ne comprends pas bien le titre. Je ne veux même pas trop l'analyser parce que sans doute on pourrait vous imputer des choses qui pourraient après valoir de la diffamation.

AM : En deux mots...

JMA : Parce que sans doute vous refuseriez de l'expliquer, même le titre.

AM : En deux mots, Jean-Michel, il faut qu'ils nous expliquent le titre.

JMA : Donc je me dis que... je me dis que... voilà.

RD : Le titre, il va de soi, si je puis dire, écoutez. Bon. Chacun pense ce qu'il veut. Et moi aussi. Je pense de ce que je viens d'entendre, je n'en dirai rien, je vais me limiter à ce que... Sarko sous BHL, ça veut dire BHL sur Sarko. Donc les événements de ces derniers temps...

MD : En Libye, les événements en Libye, pour préciser les choses.

RD : ... ont montré partout sur les écrans, en Libye, le rôle de Monsieur... Et comme moi je connaissais Monsieur Bernard-Henri Lévy déjà de longue date quand il s'était mêlé des affaires de Yougoslavie, et que j'étais au Quai d'Orsay...

MD : Vous le surnommez *Lévy d'Arabie* dans le livre.

RD : Oui. Lévy d'Arabie c'est aujourd'hui. Bernard-Henri Lévy de Yougoslavie, c'était le même personnage, qui venait tous les matins avec un mot soi-disant de M. Izetbegovic qu'il présentait au président de la République en lui disant : « votre ministre des Affaires étrangères – ce n'était pas agréable pour moi – ne fait rien. Voilà ce qu'il faut faire, voilà ce qu'il faut dire. » Donc c'est un personnage qui est entré dans l'histoire de France par la petite porte, et qui y reste.

MD : Jacques Vergès, pourquoi ce livre ?

JV : Alors je dirais d'abord que vous avez parlé de « méprisable ». Je ne suis pas venu ici pour polémiquer avec vous, vous ne le méritez pas.

JMA : Sans doute pas. Venant de vous, sans doute pas.

JV : Vous faites allusion à ce titre qui est incompréhensible. Si vous suiviez un peu l'actualité, vous sauriez que Jacques Laurent, il y a quelques années, avait écrit *Mauriac sous de Gaulle*. Et donc c'est une référence.

[...]

MD : Ollivier ?

OP : Juste une question. Pourquoi, vous qui êtes l'avocat vraiment de la stratégie qu'on appelle de rupture, c'est-à-dire la même que Jésus, qui ne reconnaît pas le tribunal qui veut le juger, la même que Mandela, qui ne reconnaît pas la juridiction qui veut le juger, la même que Louis XVI... Donc stratégie de rupture, d'habitude c'est ce que vous faites. Et là, tout à coup, pour la première fois dans votre carrière, vous allez quémander la reconnaissance d'un tribunal que vous auriez été prêt à récuser la veille ou le lendemain. Je ne comprends pas si vous êtes devenu naïf ou...

JV : Alors là, là-dessus encore une fois, votre passion vous emporte à côté de la plaque. Ce n'est pas un tribunal que je conteste, ce n'est pas la Cour pénale internationale. C'est devant un tribunal français que nous avons l'intention de déposer cette plainte pour crime contre l'humanité.

OP : Un tribunal français, donc le président de la République, tout de même, est concerné. Vous voulez que la justice qui dépend du président de la République juge pour crime contre l'humanité le président de la République ?

JV : Le crime est imprescriptible. Et celui que vous saluez aujourd'hui du titre de président de la

République, peut-être que dans sept mois, hélas ! pour vous, il ne le sera plus.

En coulisses avec un technicien

— Il m'a passé un savon en sortant du plateau.

— S'il n'est pas content, c'est bon signe. Il te félicite à sa manière.

— C'est comme ça qu'il dit bravo ?

— Voilà. Il t'engueule.

— Non je crois pas. Là, c'est parce que je suis intervenu à contretemps. J'ai reposé une question à Vergès alors qu'on était sur autre chose avec Barbier, le mec de *l'Express*. Ils avaient laissé Vergès et Dumas en plateau, mais c'était juste pour la déco.

— Tu pouvais pas deviner.

— Si. C'est écrit sur le conducteur. Avec le timing à la seconde. Mais personne ne me briefe. Ni avant, ni après. Tu crois que je dois demander des conseils à la répét' ?

— Surtout pas. Observe bien. À la répét', personne ne dit rien, pour ne pas se faire piquer ses questions.

— À quoi ça sert de répéter, alors ?

— C'est comme l'avant-dernier tour dans une course de fond ou de vélo sur piste. Tout le monde s'observe avant le sprint.

— Et on ne travaille jamais en équipe ?

— Tu sais ce qu'est une chaîne alimentaire ?

— TF1 ?

— Non. Enfin, oui, aussi. Une chaîne de proies et de prédateurs. Dans une chaîne alimentaire, chaque animal est à la fois prédateur pour ceux qui sont au-dessous de lui, et une proie pour les prédateurs au-dessus de lui. Enfin tu sais ça, t'es allé à l'école primaire. Tu sais ce qu'est un superprédateur ?

— C'est celui qui est en haut de la chaîne, et qui peut bouffer tout le monde...

— ... Mais que personne ne peut bouffer. Voilà. Prédateur pour tous, et proie pour personne. C'est lui qui régule tout son écosystème. Si tu fais disparaître le superprédateur, c'est la merde chez les proies. Ça prolifère n'importe comment. C'est le chaos. Alors qu'avec le superprédateur, les malades et les faibles dégagent direct. Ça trie à mort. Il ne reste que les meilleurs, les plus rapides, les plus en forme. D'une certaine manière, les plus cons. Si tu te poses des questions, tu es mort.

— Tu es en train de dire que...

— C'est le principe de l'émission. On balance des chroniqueurs à proximité du superprédateur et on regarde qui s'en sort. Ne crois pas que les gens regardent un *talk show* : ils regardent, comme dans une arène, qui bouffe qui, qui survit, qui crève. Les gens aiment la violence, ils regardent la baston. Ils n'écoutent pas un mot de ce que tu dis. Ils observent le superprédateur et ses proies, et attendent le coup de griffe ou de dents.

— Et le superprédateur, comment il fait pour être encore là, après tout ce temps ?

— J'ai entendu dire que les crocodiles sont les seuls animaux qui continuent à grandir en vieillissant.

— Les crocodiles sont éternels ?

— Les Égyptiens en ont fait des dieux, ce n'est pas pour rien. Un crocodile, ça t'attend patiemment déguisé en bout de bois dans un marécage, il fait toujours comme s'il n'était pas là. Mais il est toujours là.

— Il paraît qu'il te donne de la place s'il voit que tu travailles.

— C'est vrai. Il te donne la place du mort. Quand il te donne la parole, il te regarde fixement, sans un sourire. Il attend. Il observe. Il juge. Si les gens rient, il rit avec eux.

— Et si tu te plantes ?

— Tant pis pour toi. Bien sûr, tu continueras de parler et de marcher pendant quelques semaines ou quelques mois. Mais tu seras déjà mort sans le savoir. Comme un poulet à qui on a coupé la tête et qui continue de courir jusqu'à se vider de son sang.

— Si c'est lui qui te recrute, pourquoi il ferait ça ?

— Il ne te recrute pas pour que tu prennes sa place, mais pour la garder. Tu sers de fusible. C'est le principe du bouc émissaire. Tu connais ça par cœur. Chez les Aztèques, c'était pareil. Si tu organises régulièrement un sacrifice humain, tu apaises la divinité. En temps de crise, tu peux faire plusieurs sacrifices d'un coup.

— C'est suicidaire, non ?

— Ça marche toujours. Si on ne regarde pas l'émission pour son contenu, on la regarde parce qu'elle est sanglante. Comme dans la téléréalité : tout le monde guette l'élimination. C'est un plaisir social archaïque : tu regardes les privilégiés se faire couper la tête. Comme ça tu es content de ne pas être à leur place, et de rester à la tienne.

— Et les invités ? Ils sont où dans la chaîne alimentaire ?

— Il y a de tout. Ce sont des prédateurs qui viennent jouer à la proie. Mais tu n'es pas à l'abri d'un coup de dents, là aussi. Si tu attaques un politique, il va te mordre plus fort. Enfin, un politique qui a du pouvoir, hein, pas un Muppet Show... Et quand on reçoit un superprédateur de la chaîne parlementaire ou gouvernementale, en général on s'écrase. Sinon il ne revient pas. C'est une symbiose. Comme le rémora accompagne le requin et se nourrit en lui nettoyant les coins. Une société de services. Je te gratte le dos, tu me grattes le mien.

— C'est la loi de la jungle, quoi.

— C'est la loi de notre jungle. On attaque les petits, on flatte les grands. Sinon on n'est pas sûrs de survivre. Les politiques régulent l'audiovisuel. Ils peuvent fermer le robinet. Alors on ferme notre gueule. Et si tu craches dans la soupe, la soupe te recrache. On fait un *talk show* à l'américaine. C'est une émission d'humeur, volontairement légère.

— En Amérique, les journalistes ont le devoir de mordre les mollets des grands et de défendre les petits. L'indépendance de la presse, la liberté d'opinion...

— On n'est pas en Amérique.

— Tu as dit : « à l'américaine ».

— En fait, c'est l'américaine à la française. Aux États-Unis, ils bossent vraiment. Les répétitions sont approfondies. Il y a un producteur par chroniqueur, qui le briefe, qui le coache, qui le débriefe. Après chaque émission, on regarde ce qui va ou pas. On fait travailler en amont et en aval. En Amérique on prépare, on est soucieux de la qualité du produit. On veut que tout le monde soit le meilleur. On produit vraiment, quoi.

— Ici, non ?

— Ici, on s'en fout. Ce qui compte, ce que les gens regardent, c'est la bagarre. On met en scène l'humiliation des moins aptes, et la survie du plus apte.

— En même temps, c'est toujours le même qui gagne. Le combat est truqué.

— Évidemment. C'est du catch. Tout est scénarisé, et l'appareil de production est au service du superprédateur. On lui sert ses proies sur un plateau.

— Sur un plateau-télé.

— Voilà.

— Mais au catch, on fait semblant de faire mal et d'avoir mal.

— On se fait mal aussi quand on fait bien semblant.

— Non mais le catch, c'est pour de faux. Là...

— C'est du catch pour de vrai. Je sais, mon pote. Serre les dents, serre les poings, et fais-toi une place si tu peux.

Dans un bar avec Jérémie

— J'ai vu l'émission avec Vergès et Dumas. C'était quoi la musique quand ils sont entrés ?

— Le « Muppet Show ».

— Ils se sont carrément foutus de leur gueule.

— Ils n'ont pas entendu.

— Ils sont sourds ?

— Un peu. Mais même moi je n'entends rien sur le plateau, avec les applaudissements.

— C'était bien préparé ton truc, tu avais bossé.

— J'avais préparé avec ton pote avocat. Mais va jouer au plus malin avec Vergès...

— Tu essayes de faire ce que personne n'a réussi. Chapeau si tu y arrives. Je crois vraiment que c'est impossible. Ce n'est pas une question de personnes. C'est le format. Tu n'y peux rien.

— Tu penses ?

— Mais c'est déjà beau d'essayer. Pour l'honneur. C'est comme en 14 à la sortie des tranchées, face aux mitrailleuses. Aucune chance d'arriver de l'autre côté.

— Les tranchées... Tu n'exagères pas un peu ?

— Évidemment que j'exagère ! Sinon, qui va le faire pour toi ? Allez, l'important, c'est de faire une belle mort. Tu veux un coup de gnôle avant de remonter à l'assaut ! C'est qui, demain ?

Au téléphone avec David

— David. Demain, Bono.

— Quoi Bono ?

— Demain. Rendez-vous 18 h 30. Bono.

— Je peux pas demain. Je bosse toute la journée à la bibliothèque.

— Comme tu veux. Mais je comprends. La bibliothèque, c'est plus important. Et puis Bono, tu peux le rencontrer tous les jours.

— Parce que je pourrais le rencontrer ?

— On peut essayer.

— Non, je peux vraiment pas. Je suis de permanence.

— Je comprends. Pas de problème. Je te proposais en premier parce que je pensais que ça te ferait plaisir.

— Tu me préviens trop tard.

— Tant pis. Je te raconterai.

— Fait chier.

— Ce n'est que ton idole de jeunesse. C'est fini, tout ça. Je comprends.

— Putain, c'est trop con ! Je peux vraiment pas.

— Tu as des responsabilités maintenant. La bibliothèque avant tout.

— Quelle heure tu dis ?

À l'entrée du plateau

— L'antenne dans sept minutes !

— Dis donc c'est vachement stressant l'ambiance. On se croirait dans un stand de Formule 1.

— Viens, je vais me faire équiper.

— Ah ouais, arrêt au stand. C'est impressionnant.

— Salut les gars.

— Salut Ollivier.

— Ça va ? Je vous présente David.

— Salut les gars. Y a écrit quoi, là ? Cro 2 ? C'est quoi, Cro 2 ? Pour ta bière ?

— Chroniqueur 2. C'est moi.

— Y a même pas ton nom ? Au moins, tu es prévenu. Tu sais où tu mets les pieds. Carrément vous lui scotchez le micro ?

— Faut bien que ça tienne.

— C'est fou. Quand on regarde la télé, on a l'impression que tout est... En fait c'est du plastique qui tient avec du scotch. Ça va, tu flippes pas, là ?

— Ollivier, tu peux faire un test micro s'il te plaît ?

— *Derrière des barreaux, pour quelques mots...*

— Ah ouais, tu chantes avant d'entrer sur scène !

— *Qu'il pensait si fort...*

— C'est bon, Ollivier. Merci.

— *Diego ! Libre dans sa tête !*

— Tu le chantes à la Johnny, là ?

— À la Michel Berger, plutôt.

— Attends, on dirait France Gall !

— France Gall ça fait plutôt comme ça : *Dehors, dehors il fait chaud, des milliers d'oiseaux...*

— Moi je préfère à la Johnny... *s'envolent sans effort.*

— Moi à la Berger. C'est un cri plus intérieur. Presque un cri muet. Ça sent plus la prison.

— Y a des jours où tu nous fais Johnny plutôt.

— Tu l'a déjà vu en concert ?

— Quand il gueule ça devant quatre vingt mille personnes, moi ça me... fait quelque chose.

— *Quel est ce pays où frappe la nuit la loi du plus fort ?*

— *Diego, libre dans sa tête, derrière sa fenêtre...*

— *S'endort peut-être.* Tu chantes ça à chaque fois que tu entres en plateau ?

— À chaque fois qu'on m'équipe.

— T'es comme Luchini, dès qu'on te colle un micro, tu peux pas résister. Tu te prends pour Johnny.

— Michel Berger, je t'ai dit, c'est plus dans mes cordes vocales.

— Et ça c'est l'oreillette ? Fais voir. C'est dégueulasse, tu te fourres vraiment ça dans l'oreille ?

— Non mais ils la nettoient avant.

— Ça fait un peu coloscopie quand même.

— De l'oreille, juste.

— Et avec ton micro, ils entendent tout ce que tu dis ?

— Tout.

— Si tu vas pisser ?

— Non. Je crois que c'est hors de portée.

— Mais t'es pas sûr. Là ils entendent ce que tu dis par exemple ?

— Oui. Si quelqu'un écoute.

— Et quelqu'un écoute ?

— Aucune idée. Je vais demander. Allô, y a quelqu'un ?

— Alors ?

— Personne répond.

— Faut tout le temps faire gaffe à ce que tu dis.

— *Et moi qui danse ma vie, qui chante et qui ris...* Tu sais que Michel Berger était agrégé de philo ?

— *Je pense à lui...* De philo, tu es sûr ?

— Ouais. Tu vois la chanson « Ella, elle l'a » ?

— *Ce petit supplément d'âme que les autres n'ont pas.*

— Le supplément d'âme, c'est une référence à Bergson.

— *Je ne connais plus Bergson en Harley Davidson...*

— L'antenne dans trois minutes !

— Faut que j'y aille. On se retrouve après. N'oublie pas ton T-shirt.

— *Diego, libre dans sa tête, derrière sa fenêtre. Déjà mort...*

— *Peut-être.*

Invité Bono

OP : Bono, dans vos premiers concerts, vous aviez l'habitude entre deux chansons de parler de politique et vous précisiez *I don't mean to bug you : je ne veux pas vous emmerder.* Et maintenant, on vous écoute parler de politique et vous avez plus de pouvoir qu'un chef d'État. Est-ce que vous pensez que le message que vous incarnez peut vraiment être plus puissant que tous les conservatismes des chefs d'État que vous rencontrez ?

B : Non. Je ne pense pas que ce soit le cas. Notre public, les fans de U2, ça, ça inquiète les politiques, parce qu'ils sont extrêmement nombreux. Et beaucoup d'entre eux sont majeurs et sont en âge de voter. Et donc ce n'est pas moi que les politiques craignent, c'est le public. Mais il ne faut pas qu'il y ait de quiproquo sur la position qu'occupe quelqu'un comme moi. Moi je n'ai pas de mandat politique, je n'ai pas de comptes à rendre, je suis une rock star, et finalement je suis un enfant gâté, je mène une vie tout à fait différente, à part, je suis, comment dirais-je, je suis une *célébrité*, quelque chose d'affreux, je suis un *militant*, quelle horreur ! Et donc je pense que je respecte éminemment les politiques dans la mesure où ils sont honnêtes, où ils travaillent d'arrache-pied, ils ne gagnent pas tant d'argent que ça, finalement.

OP : Vous avez une limite dans les chefs d'État que vous êtes prêt à rencontrer ? Poutine, par exemple, vous l'avez rencontré ?

B : Oui je l'ai rencontré, Poutine. Moi je rencontrerais n'importe qui, y compris le diable. Je pourrais déjeuner avec Lucifer s'il le faut. C'est d'ailleurs ce que j'ai l'intention de faire, figurez-vous. J'ai un certain nombre de questions à lui poser. Mais si je pouvais me faire aider par le diable, eh bien pas de problème, je déjeunerais, je pourrais prendre le petit-déjeuner, le déjeuner, le dîner, que sais-je. Par contre je ne coucherais pas avec le diable, faut pas pousser.

[Rires.]

Sortie de plateau avec Bono

— Bono, vous permettez ? Une photo avec moi et David ? On est des vieux fans.

— Bien sûr.

— Merci.

— Vous pourriez signer un T-shirt à David? C'est un concert que vous avez donné à Tel Aviv, pendant la tournée War en 1982 ou 1983, je crois.

— Woaw ! Incroyable ! *Under a blood red sky*... Un collector... Fais voir. T'as un stylo ?

— Voilà.

— C'est vrai ce que tu disais tout à l'heure, ce Poutine, il est incroyable. Au G8, en 2001, à Gênes, il s'approche de moi en me parlant russe, blablabla, son interprète traduit : « M. Poutine vous demande si vous pouvez l'aider à faire annuler la dette russe. » Évidemment je me marre. Lui aussi. En même temps il me passe la main autour de l'épaule et clac ! On se fait prendre en photo. Et le lendemain, dans les journaux, j'étais en train de me marrer avec Poutine, alors qu'il y avait eu un mort dans les manifs à quelques mètres de nous, tué par les policiers. Il est balaise, non ?

— C'est le pire que vous ayez rencontré ?

— Le pire... Il y en a eu un certain nombre. C'est vrai qu'après avoir serré certaines mains, on a envie de laver les siennes. Ou même d'aller prendre un bain.

— Vous n'en avez pas marre de cette dégueulasserie ? Vous ne préféreriez pas ne faire que de la musique ?

— C'est le message qui compte. Pas le messager.

— Vous jouez un peu au Christ, non ?

— Je sais, ça fait mégalo. Mais le message est plus fort que le messager.

— Votre staff s'impatiente.

— Faut que j'y aille. Je vais encore me faire engueuler. J'ai rendez-vous avec le président Sarkozy à l'Élysée. C'est chouette de voir que les gamins qui aimaient U2 sont devenus des mecs comme vous, j'en croise plein, dans le monde entier. C'est rassurant.

Dans un bar avec David

— Qu'est-ce qu'il a écrit sur ton T-shirt ?

— Il l'a dédicacé à mon fils, *Pour Simon, future rock star*. Je lui ai dit qu'il apprenait la guitare.

— Sympa !

— C'était génial. Merci. Tu vois, tu me croyais pas, je te l'avais dit !

— Tu m'avais dit quoi ?

— Que t'allais rencontrer Bono ! Souvent on me demande à quoi ça sert d'avoir fait Normale sup'. D'habitude je ne sais pas quoi répondre. Maintenant je saurai quoi dire : sans ça, je ne t'aurais pas connu, et je n'aurais pas rencontré Bono.

— Tu vas faire naître des vocations. Faites du latin pendant dix ans, vous finirez peut-être par rencontrer l'idole de votre jeunesse.

— J'aurais mieux fait de faire de l'anglais. Qu'est-ce qu'il disait sur Poutine ? J'ai pas tout compris. Même sur le plateau, avec la traduction simultanée, c'est pas évident. T'as assuré, tu me disais que tu ne parlais jamais, là tu as posé deux questions ! C'était prévu ?

— Pas vraiment. Pendant le spot pour sa fondation ONE, j'ai demandé si je pouvais reprendre quand on revenait en plateau. J'ai posé une question. Et pour la première fois, j'ai gardé la parole pour en poser une deuxième.

— J'ai vu. Tu as même fait taire ta voisine.

— D'habitude je laisse faire. Mais là, je me suis dit quand même, Bono, je ne peux pas laisser passer. Cette fois, c'est pour moi.

— Coup double. Comme dans *La Gloire de mon père* avec les bartavelles. Le coup du roi !

— N'exagérons rien. C'est juste deux questions.

— C'est un peu la guerre quand même, on dirait. Ça a pas l'air évident.

— Non. Et puis y a pas Bono tous les jours.

— Ça t'a donné des ailes.

— Reviens demain si tu veux, il y a BHL. Tu pourras lui faire dédicacer un T-shirt de Normale sup'. *Pour Simon, futur philosophe*.

— Pourquoi il vient ?

— Pour parler de la Libye. Pour raconter comment c'est lui qui a convaincu Sarkozy de déclencher une intervention militaire là-bas.

— Tu vas lui poser quoi, comme question ?

— Aucune idée.

Invité Bernard-Henri Lévy

OP : La question c'est : au nom de quoi ? C'est-à-dire votre légitimité, c'est quoi ? Vous dites c'est au nom de ma conscience. Mais vous êtes quoi, vous êtes le Jiminy Cricket de Nicolas Sarkozy ? Il n'a pas, lui, une conscience, déjà ?

BHL : C'est au nom de tous les combats perdus, tous les combats que j'ai perdus depuis quarante ans. Monsieur. Je suis plus âgé que vous...

OP : Oui, je sais.

BHL : Voilà. Et j'ai perdu depuis quarante ans tant de combats...

OP : Mais ça ne vous fait pas peur d'avoir autant d'influence sur le président de la République française ?

BHL : Attendez, j'ai nourri tant d'espoirs et je les ai si souvent vus se fracasser. Des mouvements de libération écrasés dans le sang. Mon pays, la France, du mauvais côté, qui soutenait les dictateurs, qui approuvait les bains de sang, que pour une fois, en effet, j'ai vu mon pays, c'est la première fois depuis très très très longtemps, qui soutenait un mouvement révolutionnaire. Et ça c'était pour moi extraordinaire...

OP : Votre plaisir.

BHL : C'était la revanche de la Bosnie, c'était, dans ma mémoire familiale, la revanche sur la lâcheté française pendant la guerre d'Espagne. Moi j'ai vécu dans cette honte-là, que mon pays avait décidé cette politique de non-intervention, qui consistait à laisser mourir les révolutionnaires espagnols face aux hordes franquistes. Eh ben cette histoire libyenne, pour ceux qui ont ce genre de blessure au cœur, c'est une espèce de belle revanche, même si elle se termine en effet, bien sûr, sur des scènes terribles, c'est une revanche sur tout ça.

Au téléphone avec Jérémie

— Excellent, quand il t'a appelé Monsieur ! « Monsieur, je suis plus âgé que vous ! » Visiblement, il a pas aimé Jiminy Cricket.

— Je ne comprends pas pourquoi. C'est flatteur. Jiminy Cricket, c'est la conscience.

— Un criquet, c'est trop petit pour lui.

— Petit, mais influent.

— Et ça revient à le traiter de Pinocchio... « Je suis plus âgé que vous. » Ça fait longtemps que je n'avais pas entendu un argument aussi... Tu l'as vraiment énervé. Il t'a tout ressorti, elle était énorme sa tirade, je pense qu'il va être adapté au théâtre.

— Qui ça ?

— Lui ! La blessure au cœur, les combats perdus, on aurait dit Cyrano de Bergerac. Je ne regardais plus l'émission, mais depuis que tu y es je m'y suis remis. C'est opéra-bouffe tous les soirs ! Non mais qu'est-ce qui lui a pris avec la guerre d'Espagne ?

— Ben il est plus âgé que moi.

— Non mais la guerre d'Espagne ! On aurait dit que c'était lui qui l'avait personnellement perdue ! Malraux est enfoncé, là. Tu sais que tu vis des choses exceptionnelles. Prends des notes.

— Il revient dans deux ou trois semaines pour la promo de son livre.

— Il est tout le temps invité. Un vrai pilier. Un livre sur quoi ?

— La même chose.

— Ah oui. Son rôle dans l'intervention militaire française en Libye.

— Livre ou pas livre, je pense qu'il vient quatre à cinq fois par an dans l'émission.

— Il fait partie des meubles. Tu crois qu'il a un contrat d'invité permanent ?

— J'en sais rien. En tout cas, lui est sûr de revenir l'année prochaine. Pas moi.

Novembre

En voiture avec André

— Tu vois, j'ai l'impression d'être dans *La Rose pourpre du Caire* à l'envers.

— Ouais. Woody Allen. L'histoire du mec qui sort de l'écran de cinéma. Toi, c'est dans l'autre sens, tu es rentré dans ta télé.

— En même temps, je la regardais pas.

— Non, mais elle te regardait. Et vue de l'intérieur, ça donne quoi ?

— Tu connais.

— Moi c'est pas la même chose.

— C'est étrange. Comme dans une Expérience de Mort Imminente. Tu flottes au-dessus de ton corps, tu te vois, tu es mort. Tu entends une voix lointaine, même pas la tienne : l'oreillette.

— Et ils te disent quoi, dans l'oreillette ?

— Essentiellement de fermer ma gueule.

— Avec le peu que tu parles ?

— Je sais.

— Nous on n'avait pas d'oreillette. Ils ont essayé de nous en coller une, mais on a refusé. Mais tu ne peux pas virer ton oreillette et prendre la parole, tout simplement ?

— C'est comme si j'essayais de descendre de ta caisse pendant que tu roules à fond sur l'autoroute. Tu ne peux tout simplement pas. Ou alors tu le fais une fois, pour voir.

— Ça doit être frustrant.

— Et c'est crevant. Je ne sais pas pourquoi. Peut-être pour ça. Comme s'adapter à un nouvel élément, ou muter, changer de peau. C'est hyper physique en fait, je suis tout le temps épuisé. Je passe ma journée à chercher un endroit où dormir, mais je n'ai pas de bureau fermé, ni de loge. Parfois je trouve un canapé, ou je m'installe dans une des loges réservées aux invités, j'éteins, je m'allonge, et je suis réveillé en sursaut par la fille qui s'occupe de l'accueil des invités, qui rallume la lumière en disant : « Attention, réveille-toi, ils arrivent ! » Je me lève encore endormi, je leur serre la main au passage, et vais m'effondrer dans un fauteuil plus loin. Au moment de passer à l'antenne, je rêve d'aller me coucher. Le week-end, je dors quatorze heures par jour. Je suis vidé. Dans un état de sidération permanent.

— Ça se voit. À chaque fois que tu essayes de parler, tu ouvres la bouche, et hop tu te fais griller. On dirait un poisson.

— Un poisson grillé ?

— Non. Un poisson... chez le poissonnier.

— J'étouffe. Mes chemises sont trop serrées.

— Ah bon ? Je croyais que tout était sur mesure ?

— Non. Ce sont des fringues de service de presse. La plupart du temps, c'est en taille M. Trop serré pour moi. J'étouffe un jour sur deux. Je me sens asphyxié.

— Tiens on va s'arrêter là deux secondes. On va prendre des turluttes.

— Des quoi ?

— Deux euros les cinq. C'est pour pêcher les seiches et les calamars.

— Tu pêches, toi ?

— Non. Mais t'as qu'à les offrir à ton patron de ma part, ça le fera sûrement marrer.

— Probable.

— Tu as quand même fini par obtenir une chronique.

— Hebdomadaire.

— Pour parler de livres à la télé, c'est déjà pas mal, non ?

— C'est vrai. Enfin, comme dit Pivot, à la télé on passe son temps à montrer des livres, mais on ne parle plus de littérature.

— Bon, OK, tu ne parles pas littérature. Mais tu es écrivain, tu montres des livres une fois par semaine. Tu es bien payé. Tu n'as plus à penser à ton loyer. Tu peux t'offrir des week-ends au bord de la mer. Les cinq turluttes à deux euros. Tout va bien.

— Ouais. Tout va bien.

Bureau du rédacteur en chef

— Mais pourquoi ne pas dire son nom ? Michel Serres, ce n'est pas un gros mot, ce n'est pas non plus un inconnu. Il passe tout le temps à la radio, à la télé, il a même été invité chez Ardisson. C'est très beau ce qu'il dit : « La science, c'est ce que le père enseigne à son fils. La technologie, c'est ce que le fils enseigne à son papa. »

— Ça veut dire quoi ?

— Qu'avant d'apprendre les maths et la physique à l'école, les enfants savent déjà mieux se servir de l'ordi ou du téléphone portable que leurs parents.

— Et tu ne peux pas le dire avec tes mots ?

— Quel intérêt ? Serres le dit très bien.

— On ne fait pas de citations. C'est excluant. Dis la même chose, avec tes mots !

— Une citation, c'est fait avec les mots de tout le monde. C'est pareil.

— Non, les citations, c'est... C'est pas nous !

— OK, je ne suis pas journaliste, je n'y connais rien, surtout en télé. Mais justement, quand un journaliste reprend une information d'un collègue, il cite sa source, non ? Vous avez bien un code de déontologie. Chez les philosophes et les écrivains, c'est pareil. « Être ou ne pas être », c'est de Shakespeare, je ne vais pas dire la même chose avec mes mots, ce n'est pas de moi, c'est de lui.

— Tu ne veux vraiment pas comprendre, hein ?

[Rires.]

— Je vous fais marrer, hein ?

— Mais non.

— Vous ne devriez pas vous foutre de ma gueule comme ça. Moi aussi, je pourrais me foutre de votre gueule. Mais je ne le fais pas.

— Houlà !

— Alors toi, un jour tu vas écrire un livre pour te venger. Tu parleras du nain qui t'empêchait de faire des citations, et de l'abruti qui corrigeait toutes tes phrases.

— Tu vas pas nous rater !

— Ah ça non, tu vas pas nous rater !

— Vous êtes vraiment comme ma mère.

— Comment ça ?

— Elle croit que quand j'écris, j'ai envie de parler d'elle.

— ...

— Mais bon, si ça vous fait vraiment plaisir, je parlerai de cette conversation.

— Comme ça on entrera dans la postérité.

— Voilà. Ou juste à côté.

Invités Henri Guaino et Harry Roselmack

HG : Moi je n'ai jamais été favorable à la création de l'euro. Je vais pas... On ne construit pas un engagement politique ni une vie sur le reniement. Donc je ne renie absolument rien. Rien. J'ai voté non, j'ai fait campagne avec Philippe Séguin, avec Charles Pasqua, avec Jean-Pierre Chevènement.

HR : Y compris le discours de Dakar ?

HG : Oui, mais ça si vous voulez. Non, mais ça on peut en parler, mais il faudra un peu plus de temps, hein, c'est... C'est très intéressant le discours de Dakar quand on critique des phrases qui sont tirées presque mot pour mot d'Aimé Césaire, il y a quelque chose de risible, pardon, mais c'est...

HR : Elles sont tirées plus de Hegel que d'Aimé Césaire.

HG : Non c'est faux, non c'est faux.

HR : Si si si. L'état de nature, l'état de nature de l'homme africain, c'est de l'hégélien pur et dur.

HG : Non non.

HR : C'est un copié-collé de Hegel.

HG : Non ça n'est pas vrai. C'est totalement inexact. C'est un mensonge pur et simple, mais c'est pas...

HR : Ça n'est pas un mensonge, on peut vérifier.

HG : Si si.

HR : L'état de nature, la non-historicité de l'homme africain, c'est du Hegel.

HG : Laissez entrer les...

HR : Hegel a écrit, a écrit...

HG : Non mais j'ai lu Hegel, merci.

HR : ... son discours sur l'Afrique...

HG : J'ai lu Hegel cher ami. J'ai lu Hegel.

HR : ... au début du XIXe siècle...

HG : J'ai lu Hegel.

HR : ... on ne peut pas le reprendre de façon...

HG : J'ai lu Hegel.

HR : ... *in extenso*...

HG : J'ai lu Hegel.

HR : ... en 2007 !

HG : J'ai lu Hegel.

HR : ... Ce n'est pas possible, mais bon.

HG : J'ai lu Hegel et je n'ai pas repris Hegel et je ne suis pas allé chercher mes sources dans Hegel, et d'ailleurs je ne suis pas hégélien, voilà, c'est dommage mais c'est comme ça, bon. Je pense que ça mérite une émission entière, si vous voulez. Moi je suis prêt, non mais moi je suis prêt à faire ce débat quand on veut, je trouve que le discours de Dakar n'est pas indigne.

MD : Donc vous allez voter Chevènement.

HG : On peut être en désaccord mais ça n'a rien d'indigne, et je l'assume.

OP : Votez Hegel.

HG : Hegel non plus n'est pas indigne mais c'est pas le sujet, voilà. Ce discours n'était en rien hégélien, il était senghorien. Si vous voulez il est plus allé chercher chez les poètes, chez les poètes et les écrivains de la négritude que chez les philosophes ou les anthropologues du XIXe siècle, mais enfin je sais bien que pour un certain nombre de gens, Senghor était un collaborateur, voilà.

HR : Ce discours était diplomatiquement maladroit et était insultant pour les Africains, je suis désolé. Il a été ressenti comme tel, donc c'est que quelque part...

HG : Non, il a été ressenti par certains...

HR : On peut pas, on peut pas...

HG : Mais cessez...

HR : On peut pas penser...

HG : Cessez de généraliser votre opinion.

HR : Non, c'est pas mon opinion simplement.

HG : Mais si !

HR : C'est l'opinion de beaucoup de monde.

HG : Mais ça n'est pas vrai. Moi j'ai aussi rencontré beaucoup d'Africains qui ne pensaient pas ça et qui disaient qu'on disait tout haut ce qu'ils pensaient tout bas.

OP : Ça c'est une citation de quelqu'un d'autre.

HG : C'est un discours...

JMA : C'est pas Hegel.

HG : C'est un discours...

OP : C'est pas Hegel, ça.

JMA : Non.

HG : C'est un discours qui présente, qui témoigne de beaucoup de respect pour l'Afrique. Il faut juste le lire. C'est un discours. Jamais on n'a fait un tel réquisitoire...

HR : Moi je ne vous accuse pas de racisme, monsieur Guaino.

HG : Non non non, ça heureusement.

HR : Je dis simplement que c'est un discours qui ne tient pas compte des travaux qui ont été faits...

HG : Mais non !

HR : ... justement depuis la disparition d'Hegel...

HG : Mais si !

HR : ... sur les origines africaines de la civilisation égyptienne.

HG : Mais non !

HR : On ne peut pas dire aujourd'hui, compte tenu des travaux qui ont été faits depuis, que l'Afrique n'est jamais entrée dans l'histoire de l'humanité, on ne peut pas dire ça !

HG : Il n'y a pas écrit ça.

HR : C'est une contre-vérité.

HG : Il n'y a pas écrit ça. D'abord c'est adressé, vous le savez très bien, à l'Afrique subsaharienne. Deuxièmement c'était « n'est pas assez ».

HR : C'était « l'homme africain », écoutez, l'homme africain ce n'est pas...

HG : « L'homme africain n'est pas assez entré dans l'histoire. » Qui a dit : « Laissez entrer les peuples noirs sur la grande scène de l'histoire » ?

HR : Si l'Égypte...

HG : Aimé Césaire.

HR : Si l'Égypte, si la civilisation égyptienne

c'est pas être entré dans l'histoire, je sais pas ce que c'est entrer dans l'histoire, excusez-moi !

HG : Qui a dit « Laissez entrer les peuples noirs sur la grande scène de l'histoire » ? Aimé Césaire. Dans le discours sur le colonialisme. Voilà. Hein. On peut considérer...

OP : Parce qu'il avait lu Hegel peut-être.

HG : Hein ?

OP : Il avait lu Hegel.

Avec David

— L'autre jour, grande discussion sur Hegel. Hegel contre Aimé Césaire. J'étais comme l'arbitre au tennis, je regardais passer la balle.

— Le débat sur Hegel et Senghor... C'était vachement bien. On se serait cru, je sais pas, dans « Apostrophes » !

— Hallucinant. D'habitude on n'a le temps pour rien, et là d'un coup trois minutes sur Hegel.

— Qu'est-ce qui leur a pris ?

— Aucune idée. Ils étaient tellement dans leur truc, quand ça joue bien, tu ne peux pas interrompre.

— D'ailleurs il s'est planté, Roselmack. L'état de nature, c'est chez Rousseau, ça n'a rien à voir avec la non-historicité chez Hegel. Et t'as rien dit !

— Pour une fois que des invités débattent vraiment, on va pas chicaner sur les détails.

— Quand je te regarde, surtout les soirs où personne ne te laisse en placer une, je souffre pour toi.

— Pense à mon salaire. Tu souffriras moins.

— Je souffrirai encore plus. Parce que tu vas t'y habituer. Et que le retour à la normalité n'en sera que plus dur.

— J'y ai pensé. On m'a prévenu. Je fais gaffe.

— Tu fais quoi ?

— Je continue à prendre le métro.

— C'est bien. Et arrête d'inviter tout le monde quand tu vas au resto. Je te ressers du café ?

— Merci. Il y a des gens dans la rue qui me demandent des autographes. Je suis éberlué, je leur demande s'ils sont sérieux.

— Et ?

— Ils sont sérieux. Ils voient un mec à la télé qui ne dit jamais rien, et ils veulent son autographe. Je ne comprends pas. Vraiment.

— Tu veux du sucre ? C'est une leçon d'humilité. Ça fait des années que tu enseignes, que tu fais des conférences, que tu écris des livres, et ton silence télévisé vaut plus que tous les mots que tu as dits ou écrits.

— C'est à se flinguer. Non merci, pas de sucre. Mais oui, c'est une leçon d'humilité. Je n'ai jamais autant écouté de ma vie.

— Il faut bien que quelqu'un se taise, si on veut que les mots gardent un sens.

— C'est vrai. Il faut bien que quelqu'un écoute.

— Vous avez qui demain ?

— BHL.

— Encore ? Il est déjà venu il y a pas longtemps, non ?

— Oui. Il revient pour son livre sur la guerre en Libye. Tu regardes tous les jours ?

— Mes enfants regardent.

— Les miens aussi.

— Ils ont deux ans et cinq ans !

— Justement. C'est parfait pour eux. Les lumières, l'ambiance, tout ça. Ils adorent.

— Tu vois, c'est bien que tu ne rentres pas dans la case. La philosophie, il faut que ça résiste, non ? C'est très bien comme ça. Tu tiens un petit journal ?

— Non.

— Tu devrais.

Invité Bernard-Henri Levy

MD : C'est le journal d'un écrivain écrit au jour le jour. Donc au cœur du printemps libyen qui sort dès maintenant chez Grasset. *La Guerre sans l'aimer*, c'est un titre que vous avez emprunté à André...

OP : ... Malraux.

MD : Merci beaucoup.

BHL : Bravo.

OP : J'ai lu votre livre.

MD : Vous racontez tout. C'est-à-dire que le *off*

n'existe pas. Vous aviez beaucoup de conversations avec Nicolas Sarkozy. Vous livrez tout.

BHL : Oui, parce que je crois que quand on a été témoin de tout ça, de ce moment quand même extraordinaire d'histoire de France et d'histoire des relations de la France avec le monde arabe, je crois qu'on a une responsabilité de transmission, il faut le dire, il faut le raconter, c'est une histoire tellement énorme.

OP : Témoin et acteur. Il y a vraiment des histoires énormes quand même. Quand vous racontez que Nicolas Sarkozy vous téléphone pour dire maintenant le CNT* devrait faire un petit geste politique, vous rédigez un discours qui est hallucinant, enfin un message hallucinant que vous adressez à vous-même comme s'il était écrit par... Vous êtes le nègre du CNT.

BHL : Oui, ce que je raconte surtout c'est que dans une histoire comme celle-là, qui en effet où se joue l'essentiel, la vie et la mort, la guerre et la paix, je crois que ce que j'ai appris et ce que je raconte dans le livre en six cents pages c'est que tout se joue sur des petites circonstances. Tout se joue sur des caractères, sur des tempéraments, sur la fatigue d'un acteur, sur les malentendus entre les uns et les autres, je raconte comment Nicolas Sarkozy convainc Angela Merkel de le rejoindre finalement.

* Conseil national de Transition. Autorité politique de transition créée à l'occasion de la révolte libyenne de 2011.

Je raconte comment les rapports avec Berlusconi, dont il me dit à un moment donné : «C'est à se demander s'il a encore un cerveau.» Phrase de Sarkozy sur Berlusconi. Je raconte comment, les rapports avec Cameron...

OP : Vous permettez que je vous pose une question ? Votre titre, *La Guerre sans l'aimer*, bon, citation de Malraux. Mais la guerre, vous dites que vous ne l'aimez pas, en même temps vous lui mettez une majuscule. Et c'est un peu ça le paradoxe du livre, c'est-à-dire que c'est votre événement. Ce n'est pas votre guerre, mais c'est votre événement. Alors on vous reproche, évidemment c'est un reproche qu'on vous fait depuis longtemps, notamment dans la presse, votre narcissisme. Mais en vous lisant de près, on a l'impression que vous ne savez pas vous-même qui vous êtes et que vous êtes peuplé d'ombres. Vous êtes rempli de... il y a Malraux, il y a d'Annunzio, il y a votre père. D'ailleurs c'est très troublant. On a l'impression que vous êtes plus le témoin de vous-même que le témoin de cette guerre.

BHL : Je suis comme chacun d'entre nous, c'est très beau ce que vous avez dit, je suis peuplé d'ombres. Bien sûr. Je suis peuplé de l'ombre de mon père, Juif, Français, à qui la France avait retiré sa nationalité française, et qui est allé se battre pour la France dans les sables libyens. Je suis peuplé par l'ombre de mon grand-père, dont je retrouve la trace dans ce livre...

OP : ... qui est mort dans le désert.

BHL : ... qui était un berger qui transportait des troupeaux à travers le Maghreb et qui est...

OP : Vous avez rêvé de faire une belle mort dans le désert ?

BHL : Attendez, attendez. Bien sûr on est peuplé d'ombres. Et bien sûr que ce livre c'est pas la guerre, ce livre en effet il raconte toutes ces ombres-là. On est fait de ça. On est fait d'un grand-père presque illettré, on est fait d'un père héroïque et on est fait de grands écrivains qu'on a admirés, qui s'appellent André Malraux, qui s'appellent Byron, et d'autres, oui, bien sûr.

AM : Moi je me dis quand même...

BHL : Vous savez, vous, qui vous êtes ?

AM : Ollivier Pourriol.

OP : Non, on ne sait pas, c'est vrai. Mais vous êtes plus un médium qu'un homme de médias – dans ce livre, hein –, vous êtes possédé, vous assistez à vous-même et on a l'impression que vous ne savez pas pourquoi vous faites ce que vous faites.

BHL : C'est pas ordinaire en effet d'amener à minuit, un 13 avril à minuit et quart un général rebelle qui va être assassiné quelques semaines plus tard dans le bureau de Nicolas Sarkozy à l'Élysée et d'assister à cet événement quand même assez extraordinaire qui est la décision d'ouvrir un deuxième front dans la guerre de Libye, de livrer des armes, etc., donc bien sûr que je suis un peu moi-même éberlué de ce qui m'arrive et de ce que je contribue peut-être un peu à provoquer. On le serait à moins.

Théâtre de l'Odéon, Jean-Louis Trintignant dit des poèmes de Prévert, Vian, Desnos

JLT : Cette chanson fut écrite pendant la guerre d'Indochine. Elle a été d'abord totalement interdite. Et puis les censeurs ont accepté quelques modifications. Par exemple on disait, au lieu de dire *Monsieur le Président*, on disait *Monsieur qu'on nomme grand*. Et puis la fin de la chanson c'est :

« Si vous me poursuivez
Prévenez vos gendarmes
Que je n'aurai pas d'armes
Et qu'ils pourront tirer »

C'était pas la fin que Boris Vian avait écrite, il avait écrit autre chose. Je ne sais pas chanter, je vais la lire :

« Monsieur le Président
Je vous fais une lettre
Que vous lirez peut-être
Si vous avez le temps

Je viens de recevoir
Mes papiers militaires
Pour partir à la guerre
Avant mercredi soir

Novembre

Monsieur le Président
Je ne veux pas la faire
Je ne suis pas sur terre
Pour tuer des pauvres gens

C'est pas pour vous fâcher
Il faut que je vous dise
Ma décision est prise
Je m'en vais déserter

Depuis que je suis né
J'ai vu mourir mon père
J'ai vu partir mes frères
Et pleurer mes enfants

Ma mère a tant souffert
Elle est dedans sa tombe
Et se moque des bombes
Et se moque des vers

Quand j'étais prisonnier
On m'a volé ma femme
On m'a volé mon âme
Et tout mon cher passé

Demain de bon matin
Je fermerai ma porte
Au nez des années mortes
J'irai sur les chemins

Je mendierai ma vie
Sur les routes de France

De Bretagne en Provence
Et je dirai aux gens :

Refusez d'obéir
Refusez de la faire
N'allez pas à la guerre
Refusez de partir

S'il faut donner son sang
Allez donner le vôtre
Vous êtes bon apôtre
Monsieur le Président

Si vous me poursuivez
Prévenez vos gendarmes
Que je possède une arme
Et que je sais tirer. »

À la sortie du théâtre, avec Jérémie

— Je t'avais dit que c'était beau. C'est la deuxième fois que je viens le voir. J'avais fait un grand papier dans mon journal.

— Tiens, bonne idée. Pour ma chronique, je vais recommander le CD de son spectacle, et choisir trois livres, de Prévert, de Vian, de Desnos.

— Ils te laissent faire ce que tu veux ?

— On ne peut pas dire ça. Mais bon, Prévert, Vian, Desnos, tous les enfants connaissent. C'est de la poésie, mais populaire. Prévert est une star mondiale. On ne peut pas dire que ce soit excluant de recommander Prévert.

— Excluant ?

— Oui, c'est un de leurs mots.

— Tu sais ce que disait Boris Vian : « Il y a deux façons d'enculer les mouches : avec ou sans leur consentement. »

— Ben là, elles sont pas souvent d'accord.

— Avec un peu de doigté, on doit pouvoir faire les deux.

Au bureau, avec un adjoint du rédacteur en chef

— Dis donc, Ollivier, c'est quoi les livres que tu as commandés ?

— Pourquoi cette question ?

— Parce que. Si c'est pour toi, ça va, pas de problèmes, mais si c'est pour ta chronique, ça va pas être possible.

— Pourquoi ? Tu ne sais même pas ce que je veux dire, dans ma chronique.

— Qu'est-ce que tu veux dire, dans ta chronique ?

— Jean-Louis Trintignant...

— Non non non, on était d'accord. On avait dit pas d'actualité culturelle !

— Ce n'est pas de l'actualité culturelle, c'est Trintignant !

— C'est un événement culturel !

— Et alors ? Où est le problème ?

— On n'est pas une émission culturelle.

— Ce n'est pas un événement culturel, c'est un événement tout court. C'est de l'actu tout court. C'est Trintignant, quoi ! Peut-être pour la dernière fois sur une scène. Il le dit lui-même. Et pour dire des poèmes de Prévert, de Vian, de Desnos. C'est comme si Trintignant nous offrait son testament poétique, sa chronique littéraire.

— Encore pire ! Non non non, c'est impossible.

— Pourquoi encore pire ? Pourquoi impossible ?

— Parce que, enfin. On ne parle pas des poètes morts !

Le lendemain matin, au téléphone avec le rédacteur en chef

— Allô Ollivier, t'es pas au bureau ?

— Non, juste à côté. Je suis en train de lire les fiches au café.

— Bon, je voulais te dire, pour ce soir, on est obligés de supprimer ta chronique.

— Pourquoi ?

— Parce qu'on n'a pas le temps, l'actu est trop chargée.

— Quelle actu ? Qu'est-ce qui s'est passé dans la nuit ? Vous auriez pu me prévenir plus tôt. Là je me suis tapé trois livres, j'ai déjà rédigé mon texte.

— Désolé, écoute, c'est ça l'antenne.

— OK. C'est dommage, j'avais un très beau livre, que j'aurais pu offrir à un invité.

— C'est quoi ?

— Un livre de cuisine et d'histoire. Avec tous les menus des grands repas historiques, le dernier repas d'Henri IV, ou le menu d'investiture d'Obama. Avec des documents géniaux, comme la liste des commissions du marquis de Sade rédigée de sa main quand il était emprisonné à la Bastille. *À la table de l'histoire.*

— Apporte-le, on sait jamais.

— On reçoit un cuisinier en deuxième partie. On pourrait lui offrir. Ou à Giesbert en P1.

— On verra. Par contre, puisque tu parles de beaux livres, pour la dernière émission avant les vacances j'aimerais que tu prépares une chronique de Noël. On fait ça tous les ans. Sois prêt bien à l'avance. On en reparle.

Le soir même, sortie de plateau avec un invité

— Merci pour le livre. Mais ta chronique, elle a disparu ?

— Je voulais parler du spectacle de Trintignant, qui lit des poèmes de Desnos, de Vian et de Prévert.

— C'est fabuleux. Je l'ai vu. Et ?

— Du coup, je n'ai pas de chronique !

— Quel rapport ?

— Parce que. On ne parle pas des poètes morts.

— Qui t'a dit ça ?

— Un vivant. Pas poète.

— Tu plaisantes ?

— Non.

— Mais vous vous êtes engueulés ?

— Un peu. On ne parle pas des poètes morts... Tu te rends compte ?

— Oui, je comprends surtout qu'ils t'ont sucré ta chronique pour te faire comprendre qui était le chef.

— J'en sais rien. Je veux pas être parano. C'est peut-être un hasard. Mais disons que c'est un heureux hasard. Officiellement c'est parce qu'il y a trop d'actu.

— Trop d'actu ? C'est marrant... Je l'ai vu, le spectacle de Trintignant. Qu'est-ce que c'était beau, ce poème de Desnos, ça m'a collé des frissons : *Aujourd'hui je me suis promené avec mon camarade... Même s'il est mort...*

— ... *Je me suis promené avec mon camarade.* C'était qui, ce camarade ? Il a écrit ça en 1933, je crois, ou en 1936.

— Je ne sais pas qui c'était. Mais c'est encore plus beau quand on ne sait pas, non ? Desnos écrit un poème pour son ami disparu, et se promène avec lui. Ça les regarde tous les deux. Ça ne regarde qu'eux.

— Et le poème de Prévert, après. Qui reprend l'idée de son ami Desnos : *Aujourd'hui moi aussi je me suis promené avec mon camarade, avec mon ami.*

— C'était quoi ? Dix ans après sa mort ?

— Desnos est mort à Buchenwald, en 1945. Prévert a dû écrire ça en 1955. Il se promène dans le poème de son ami disparu. Et dans les mêmes rues.

— Moi j'ai pleuré. Cette chaîne d'amitié au-delà de la mort, ça me bouleverse. Et puis la voix de Trintignant. C'est dommage que tu n'aies pas pu en parler.

— Tiens, si tu veux le début, je l'ai gardé sur moi :

Aujourd'hui

Aujourd'hui
comme en 1925 comme en 1936 comme en 1943 dans la rue Dauphine quand il allait chercher à manger pour ses chats de la rue Mazarine avant d'être cravaté emporté déporté
tué
par la guerre la police la vacherie le typhus
je me suis promené avec Robert Desnos
oui je me suis promené avec lui
et on riait
et on s'engueulait
on n'était pas toujours d'accord
même s'il est mort
tous deux comme une femme nous aimions la vie
ce n'était jamais la même femme

était-ce toujours la même vie
Aujourd'hui moi aussi je me suis promené avec mon camarade
avec mon ami

Au restaurant avec David

— C'est marrant quand même. Pourquoi il t'a précisé *morts* ? Pourquoi les *poètes morts* ?

— C'est vrai, c'est absurde, je me suis dit la même chose. On ne parle pas des poètes vivants non plus. Poète et mort, ici ce sont des synonymes. Non, je crois que c'était pour ne laisser aucune place au doute. Premièrement, on ne parle pas des poètes. Deuxièmement, on ne parle pas des morts. Troisièmement : on ne parle pas des poètes morts. C'est une phrase-valise. Pour gagner du temps.

— Oui. C'est une très belle phrase, très riche. Très mystérieuse. On dirait un poème, un peu.

— Un haïku.

— Ça dit beaucoup de choses. On ne parle pas des poètes morts. Ça ne se fait pas. Pas ici. C'est trop douloureux, quand un poète meurt. Alors mieux vaut ne pas en parler.

— Par délicatesse, quoi. Tant qu'on y est, ça peut aussi sonner comme un regret, pour déplorer qu'on n'en parle pas assez. Décidément, on ne parle pas des poètes morts ! C'est triste, mais c'est comme ça.

— Ou comme un interdit religieux, un commandement. On ne parle pas des poètes morts. Sinon ils pourraient revenir se venger. La poésie, c'est dangereux. Il faut laisser ça aux professionnels.

— Ou on peut entendre aussi qu'on ne parle pas des poètes morts parce que c'est inutile, ils le font très bien tout seuls. Rien de plus vivant que leurs poèmes. On ne parle pas des poètes morts. Mais les poètes morts nous parlent.

— C'est ça qui est bien avec le langage. On peut faire dire n'importe quoi à une phrase.

— Oui. On peut rêver.

— C'était bien aussi, le poème de Boris Vian, « Qu'y a-t-il » ?

— Ça faisait comment ? *Premièrement, il y a beaucoup de mérite à épouser une femme plus jeune que soi.*

— *Il y a beaucoup de mérite à épouser une femme.*

— *Il y a beaucoup de mérite à épouser.*

— *Il y a beaucoup de mérite.*

— *Sans compter les emmerdements.*

— Je te le fais pas dire !

— On pourrait faire pareil. Premièrement, il y a beaucoup de mérite à ne pas parler des poètes morts.

— Il y a beaucoup de mérite à ne pas parler des poètes.

— Il y a beaucoup de mérite à ne pas parler.

— Il y a beaucoup de mérite.

— *Sans compter les emmerdements.*

Invitée Christine Boutin

OP : Madame Boudin.

CB : Oui ?

[Elle rit.]

OP : Madame Boutin, pardon.

CB : C'était la blague, ça.

OP : Non non. Ah non, j'ai... Lapsus, pardon.

Sortie de plateau avec un technicien

— Tu es mon héros ! C'était excellent ! Tu avais fait un pari ?

— Non non, c'est un vrai lapsus.

— C'est vrai, tu avais l'air vraiment emmerdé. Tu vas faire « Le zapping », là, c'est sûr !

Dans l'émission du vendredi, le palmarès de la semaine

MD : Le truc sympa de la semaine.

JMA : Alors, c'est un petit bizutage à nous. On l'a

vu au « Zapping », hein, mais là on va le voir mieux, parce que...

[Rires.]

JMA : Parce que c'était très bien.
AM : Ah oui c'était bien, c'était bien.
MD : Ollivier !
JMA : C'est parti.

[Magnéto :
CB : J'en ai d'autres, bien sûr.
OP : Madame Boudin.
CB : Oui ?

[Elle rit.]

OP : Madame Boutin, pardon.
CB : C'était la blague, ça.
OP : Non non. Ah non, j'ai... Lapsus, pardon.]

[Retour en plateau. Applaudissements.]

JMA : Ça va être compliqué de...
AM : Ouais, là...
MD : C'est un lapsus ?
OP : Eh oui. C'est pas ce que j'ai fait de mieux. C'est pas ce que j'ai fait de pire.
MD : Merci Ollivier. Ça nous est tous arrivé, et c'est pas fini.

Au bureau

— Dis donc, t'as vu la même chose que moi ?

— Je te vois venir, gros dégueulasse.

— Quoi, gros dégueulasse ? J'ai rien dit.

— Non, t'as rien dit, mais je vois très bien ce que tu allais dire.

— Si tu vois, c'est que tu penses la même chose que moi, espèce de grosse cochonne.

— De quoi vous parlez tous les deux ?

— Ah mais de ce qu'on veut ! T'as pas vu le film ?

— Quel film ?

— Tu crois vraiment que c'est la sienne ?

— Elle est énorme.

— Tu vois que j'avais raison ? Je te connais par cœur !

— Mais quoi, c'est pas ma faute ! T'es d'accord, elle est énorme ?

— Il a une doublure.

— Ah non, je me suis repassé la scène cinq ou six fois, y a pas de montage possible.

— C'est vrai qu'il est bien monté.

— Vous parlez de qui ?

— Sinon t'as trouvé le film comment ?

— Vachement bien tu penses.

— Tu crois qu'il va marcher en salle ?

— C'est sûr. Je te parie même qu'il y aura la queue.

— Qu'est-ce que t'es con. Je sais pas comment tu fais.

— Mais de qui vous parlez ?

Invités Jean-Pierre Foucault et Michael Fassbender

MD : Voilà, et dans *Shame*, donc, vous êtes un businessman américain, new-yorkais, addict au sexe. Et ce film ne porte pas de jugement, ce film n'explique pas les choses mais montre la vie d'un homme qui est, euh, accro au sexe.

MF : En fait cela suit le parcours de Brandon, le personnage central du film, et les relations qu'il a avec différentes personnes. En fait il essaye de se lier aux gens. Mais il a beaucoup de problèmes avec ça parce que, en fait, il a un problème d'intimité, un problème avec l'intimité. Il n'est pas du tout confortable avec ça.

AM : Vous avez rencontré des vrais *sex addicts*...

MF : Oui.

AM : ... pour préparer votre personnage... Ça vous fait rire, Jean-Pierre ?

JPF : Pas du tout.

MD : Pourquoi, parce qu'il ne vous a pas contacté, c'est ça ?

JPF : J'étais surpris, moi je m'attendais à ce que l'on me contactât. Mais rien n'y fit.

[Rires.]

AM : Alors il faut préciser qu'aux États-Unis le film est interdit aux moins de dix-sept ans, hein, parce que la scène d'ouverture où vous êtes nu, on voit pas votre visage mais on voit juste... voilà.

CM : Doublure ou pas – corps ?

AM : C'était ça ma question.

CM : Pardon, excuse-moi, Ariane.

[Rires.]

AM : Doublure ou pas ? C'est la question que tout le monde se posait aujourd'hui au bureau, hein.

MF : Oui, oui, j'ai une doublure.

[Il fait non avec la tête. Rires.]

MD : Non. C'est pas vrai.

[Rires. Applaudissements.]

AM : Quelques questions pour savoir si... Oui, Jean-Pierre ?

JPF : Je peux savoir les questions que vous vous posiez sur moi au bureau tout à l'heure ?

En voiture avec Jérémie

— Tu te prenais pour un étalon sauvage, un pur-sang, tu gambadais dans ta liberté, le cheveu fou, l'œil mauvais. Et maintenant tu te fais couper les tifs une fois par semaine, tu es fringué comme un milord, on t'a collé le sourire de circonstance. Tu t'es fait canaliser, mon vieux. Et tu sais ce qui arrive au bout de la canalisation ?

— Non. L'eau de boudin ?

— La merde.

— La merde ?

— La merde. La merde, c'est le principe de précaution.

— Précaution contre quoi ?

— Contre le contenu.

— Je comprends pas.

— C'est une question d'audience. Si tu fais un truc qui a du contenu, et que le lendemain on te dit que tu as fait une audience de merde, tu ne pourras t'en prendre qu'à toi-même. Avec ton contenu, tu auras perdu de l'audience. Alors que si tu fais une émission de pur rythme, sans contenu, d'humeur, comme ils disent, et que tu fais une audience de merde, ce sera la faute à pas de chance, incompréhensible, ou un accident malheureux. Une mauvaise soirée, la faute à la lune. On oublie et on recommence. C'est le principe de précaution. Contre le contenu.

— Tu veux dire qu'ils prennent les gens pour des cons ?

— Oui et non. Ils ont peur pour leur cul. Plutôt qu'être très intéressants pour très peu de monde, ils savent dans chacun de leurs nerfs qu'il vaut mieux intéresser très peu tout le monde. Sinon ça prend du temps, et ça prend la tête. Alors que le vide... Le vide n'est jamais décevant. Il tient toujours ses promesses. Le vide détend. Le vide te vide. Comme en hypnose. Ce qui compte ce n'est pas ce que tu dis, c'est le ton de ta voix. Je t'endors, je te berce, tu écoutes le son de ma voix, mais tu oublies tout ce que je dis. Avant on regardait le feu dans la cheminée. Hypnose garantie. Engourdissement de la conscience. Bonheur de l'oubli.

— Tu veux dire qu'on est des bûches ?

— Qui font un peu de lumière. Qu'on voit danser comme des ombres, avant de disparaître. Alors prends ta voix de crooner, souris, et produis de la chaleur. Le reste, crois-moi, garde-le pour tes bouquins.

Décembre

À mon bureau avec un adjoint du rédacteur en chef

— Dis donc, on te cherchait partout. Tu as vu l'heure ? Je t'ai laissé au moins trois messages.

— Sept.

— Et ?

— Et tu as fait appeler chez moi aussi.

— Tu étais où ?

— Tu as fait peur à ma compagne. Elle a cru que j'avais disparu.

— Mais tu avais disparu.

— Elle m'a laissé cinq messages. Et elle a appelé mes amis. Pour savoir si j'étais avec eux. Elle a cru que j'étais mort. Tu l'as inquiétée pour rien.

— Nous aussi on s'inquiétait pour toi !

— Tu t'inquiétais pour moi ? Et pourquoi donc ?

— Tu ne répondais pas à ton téléphone.

— Je n'étais pas disponible.

— Il faut être disponible, le jour de ta chronique.

— Elle est prête. Je te l'ai envoyée par mail hier soir.

— Oui, mais tu dois être là le matin.

— Puisque tu veux tout savoir, j'étais à une projection de presse. Dans une salle où on ne capte pas. Je suis allé voir *A Dangerous Method*, le film de Cronenberg. On va le recevoir, il me semble. Je ne savais pas qu'il fallait te prévenir quand on allait à une projo de presse et qu'on n'était pas joignable pendant deux heures.

— Il faut qu'on sache toujours où tu es. On peut aussi supprimer ta chronique, si tu veux. C'est toi qui vois.

— Alors la menace, maintenant ? Carrément ? Et qu'est-ce que tu avais de si urgent à me dire ?

— C'est pas la question.

Dans l'open space

— Tu as vu le courrier des lecteurs de *Télérama* ? Ils parlent de nous.

— Salut Ollivier. Non. Pas vu.

— Une lectrice écrit qu'elle reste sidérée par la nullité des questions posées par les potiches qui tiennent lieu de journalistes. Pas un mot du film, pas une question de cinéma à Michael Fassbender, l'acteur pourtant le plus en vue du moment, à part une référence à ses yeux et à... son anatomie !

— *Télérama* on s'en fout, ils sont jamais contents. Ils font chier. Si on ne devait faire que ce qui plaît à *Télérama*, on produirait des émissions culturelles pour Arte.

— Mais vous en produisez aussi, non ?

— Non. Enfin, pas officiellement.

À mon bureau, une visite exceptionnelle

— Tiens, Ollivier, tu pourrais parler de ce bouquin ? C'est mon copain Petitrenaud qui l'a écrit.

— Oui, je l'ai vu. C'est marrant. Au fait, merci pour le pot de miel, il est super bon.

— Si tu en veux encore, dis-moi.

— Y a ton nom sur le pot. C'est toi qui le fais ?

— Oui. Enfin. Qui le fais faire.

— Délicieux. Je savais pas qu'on pouvait faire du miel à Châteauroux ?

— On peut faire son miel partout.

— Il l'a goûté, Petitrenaud ?

— Ça fait trois fois que je demande à la programmation de parler de son bouquin, mais ils ont dû le perdre.

— Tu fais du pinard aussi ? T'as goûté le vin de Trintignant ? *Rouge Garance*. Enfin, son vin... Il le fait faire, comme toi. C'est marrant, je te vois jamais boire de vin à table.

— À midi j'évite.

— Et avant l'émission, avec ta pomme et ta biscotte... Un régime d'athlète...

— Une habitude que j'ai gardée du service sports. Bon. Tiens, c'est mon exemplaire. Tu le perds pas.

— Tu peux le garder, je l'ai déjà. Pour ce soir ?

— Oui. Tu l'offriras à David Douillet. Ce sera très bien.

Une heure plus tard, avec un adjoint du rédacteur en chef

— Bon, Ollivier, toi qui veux tout le temps parler de livres, tu vas être content, tu pourrais parler du bouquin de Petitrenaud, là ? Parce qu'il faut qu'on en parle.

— Mais il est pas mal du tout, ce livre.

— Non, mais bon. Bref. Il insiste comme un malade, c'est un pote à lui. Donc on va en parler. Tu peux faire ça ?

— Bien sûr.

— J'aurai pas le temps de relire ta chronique, là il est trop tard. Dis ce que tu veux, c'est pour lui faire plaisir, alors fais comme tu veux.

— Compte sur moi.

Invité David Douillet

— MD : Ollivier, vous avez un petit lexique pour David Douillet.

— OP : Un *Petit lexique du petit*, par Jean-Luc Petitrenaud qui, comme son nom l'indique, s'intéresse à tout ce qui est petit. Donc il y a plein de choses, vous étiez poids lourd mais il y a aussi les petits pois. Il n'y a pas le Petit Nicolas, mais il y a petit pipi, petit chef, petit vin blanc évidemment. Et puis il y a petit monsieur avec une histoire vraie incroyable. Chaque mercredi matin, un petit monsieur, comme le surnomme Mme Yvard, pâtissière à Cherbourg, entre dans le magasin pour acheter une tarte aux pommes pour deux personnes. Et puis un mercredi matin le petit monsieur n'est pas venu chercher sa tarte aux pommes. Alors tout le monde l'adore ce petit monsieur, c'est un peu le père Noël. Le magasin baisse son rideau et Mme Yvard s'affaire pour dresser la table du dîner face à la télévision. Il est vingt heures et le journaliste annonce, en ouverture des informations, que le plus grand poète du monde vient de s'éteindre. Jacques Prévert est mort. Mme Yvard lâche ses casseroles et crie : « Mais c'était mon petit monsieur du mercredi. » Voilà. Un petit cadeau pour vous.

Projection de presse avec Jérémie

— Salut Ollivier. C'est bien, tu continues à venir en projo de presse ? Je croyais que vous aviez les DVD des films avant leur sortie.

— Oui, souvent.

— Sacré privilège.

— Mais il y a toujours le nom du distributeur écrit en gros en plein milieu de l'image pour empêcher le piratage.

— Je t'ai vu avec Douillet. C'était marrant, ton truc sur le petit, là. Il savait pas trop si tu te foutais de sa gueule ou pas. Un petit livre pour un poids lourd. Le petit pipi, le Petit Nicolas, tout ça. Et finalement, tu as réussi à parler de Prévert.

— C'était un cadeau de la providence.

— Il a dû mal le prendre...

— Qui ?

— Celui qui ne voulait pas que tu parles des poètes morts.

— J'ai même parlé du jour de sa mort ! Coup double. Si j'ose dire.

— Comme quoi il y a une justice naturelle. Même si tu l'as un peu aidée.

— À peine. C'est celui qui ne voulait pas que je parle de Prévert qui m'a obligé malgré lui à en parler. Comment tu appelles ça ? L'ironie du sort ? La conscience ?

— Tu sais ce qu'a dit Flaubert quand Baudelaire a été condamné pour *Les Fleurs du mal* : « La censure est un crime contre la pensée, un crime de lèse-âme. » Mais la censure est impossible. Elle provoque toujours ce qu'elle croit empêcher.

— Flaubert... Celui-là, c'est pas demain la veille qu'on risque d'en parler.

— Ne dis pas ça. Regarde pour Prévert. Tout arrive.

Au bureau avec un adjoint du rédacteur en chef

— Pour ta chronique de Noël, tu as avancé ?

— Oui, c'est prêt. J'ai obtenu le dernier exemplaire en service de presse chez les PUF d'un coffret magnifique, *La Prose du Transsibérien*, de Blaise Cendrars, illustré par Sonia Delaunay. Ça se déplie, ça fait au moins deux mètres, avec des aquarelles. Sublime. Et puis Sempé, un très bel album sur l'enfance. Et un coffret BD chez Delcourt. Là aussi, le dernier. J'ai dû insister, en lui garantissant que j'allais le présenter.

— OK. Ça a l'air super.

— Pour Cronenberg, j'aimerais lui offrir un livre en plateau, *Le Livre rouge*, où Jung dessinait ses rêves. Même chose, si je lui offre, comme c'est un gros livre très cher, il faut que je garantisse à l'éditeur qu'on le montrera à l'antenne. Il faudrait être sûr en amont que ça te convienne, pour le garder au montage. C'est très beau. Ça peut faire joli si on projette des éléments dans le mur.

— OK. On l'essaye en répét'.

Invités David Cronenberg, Viggo Mortensen, Vincent Cassel

OP : Je sais que vous connaissez ce livre, David Cronenberg, *Le Livre rouge*, c'est un livre extraordinaire, qui a été caché très longtemps. C'est un livre de Jung, où il dessinait ses rêves, où il racontait ses rêves. Or dans votre film il n'y a aucune séquence onirique. Il y a uniquement des mots. Ce sont les mots qui sont le héros de votre film ?

DC : Ce que vous dites est juste. Parce que le livre en question a été créé après la période où notre film se passe, c'est-à-dire après sa rupture avec Freud. C'est là qu'il a commencé à avoir ces visions absolument extraordinaires, ces hallucinations. Et ça n'est que là qu'il a commencé à garder ce journal de ses rêves. C'est donc après l'histoire de notre film. Là on ne voit que le tout début de sa dépression nerveuse, qui l'a amené par la suite à s'élargir à des visions autour de ses rêves, de ses hallucinations. C'est là qu'il a commencé à devenir mystique. C'est comme un livre religieux, un manuel.

[...]

MD : Alors le quizz de psy, Ariane ?

AM : Ben oui parce que y a plein de clichés qui sont véhiculés sur la psychanalyse. On va vérifier si vous avez bien bossé votre sujet. Des questions très simples.

CM : Ils ont peur.

AM : Ouais, ils ont peur, ouais.

CM : Ils ont tous peur !

AM : Je vais m'adresser à vous pour commencer, Viggo. J'ai rêvé que je flirtais avec vous. Qu'est-ce que ça signifie ? Trois propositions. Que j'avais envie de flirter avec vous, tout simplement, pas compliqué... Que j'ai un grand besoin de reconnaissance... Ou que c'est un rêve prémonitoire, je vais flirter avec vous dès que l'émission est terminée.

VM [en français] : C'est pas nécessaire d'expliquer.

[Rires.]

VM [en français] : C'est bien. Je pense que c'est très bien. Je dis merci.

AM : Vous avez raison. Mais la réponse est que j'ai un grand besoin de reconnaissance. Ce qui ne m'empêchera pas de flirter avec vous après. Vincent. Rachida Dati, vous vous en souvenez p't-être, a utilisé le mot fellation à la place d'infia... d'inflation.

MD : Un lapsus, hein.

AM : Alors quel sens on peut donner au lapsus ? Aucun sens. Ça n'a pas de sens, un lapsus... C'est un aveu, elle se fout de l'inflation... Ou alors c'est un aveu, elle a une vraie passion pour la fellation.

VC : Honnêtement je préfère, j'espère que c'est le 3.

AM : C'est le 2. C'est le 2, c'est un aveu, elle se fout de l'inflation. C'est ce que dit la psychanalyse.

VC : C'est dommage.

AM : David, en psychanalyse, que symbolise le lavabo ?... Viggo, vous avez une idée de ce que symbolise le lavabo, en psychanalyse ?

[Rires.]

AM : Alors, dans les clichés, c'est le vagin.

DC : Woaw. Là je dois dire que le docteur Jung ne serait peut-être pas d'accord avec vous. Mais Freud serait peut-être d'accord avec votre interprétation.

MD : Un dernier ?

AM : Et sur les bottes en caoutchouc ?

DC : Quelquefois, une botte n'est qu'une botte. Comme un cigare...

Au restaurant avec André

— Putain, j'ai rien compris à cette histoire de bottes. Ça sortait d'où ?

— C'est parce qu'ils ont coupé et monté. Elle avait posé une première question pour savoir ce que ça voulait dire des bottes, en psychanalyse. Cronenberg lui a longuement répondu que ça n'avait pas de sens de poser une question pareille, puisque la psychanalyse n'a rien à voir avec un dictionnaire de symboles. Le sens d'un rêve diffère selon chaque personne. En psychanalyse, le sens d'un symbole dépend de la relation entre un patient et son thérapeute, qui tissent ensemble un réseau de symboles, qui prennent un sens particulier à chaque fois.

— Il lui a expliqué tout ça ?

— Oui.

— Donc ils ont coupé, forcément.

— Même chose avec le lavabo.

— Ah oui, le lavabo-vagin. Putain...

— Elle a posé d'abord la question à Cronenberg. Qui lui a expliqué à nouveau la même chose. Du coup, elle a posé la question à Mortensen. Qui a répondu comme Cronenberg. Finalement, c'est elle-même qui a répondu à sa question, et au montage tout ce qu'ont dit les invités a disparu.

— Ça doit te rendre dingue, non, d'entendre ça ?

— Oui. Enfin non. Oui et non. Je comprends le but. Ils veulent déconner avec les invités, pas penser avec eux. Ce qu'ils mettent en scène, c'est le contraste maximal entre des invités intelligents et des questions connes qui les consternent. Ce qui est drôle, c'est de voir leurs têtes face aux questions.

— Tu trouves ça drôle, toi ?

— C'est pas la question.

— Si, un peu quand même. Tu cautionnes par ta

présence ce qui est dit à côté de toi. Enfin, tu sers à ça. Et puis, tu n'as pas envie de poser d'autres questions à des mecs pareils ?

— Si.

— C'était pas mal ton truc sur *Le Livre rouge*. Mais tu n'as posé qu'une question.

— Non, j'en ai posé trois. Les deux autres ont été coupées. Et celle sur le livre n'est restée que parce que j'ai négocié en amont en expliquant que je m'étais engagé auprès de l'éditeur du livre à le montrer en plateau. Du coup on a préparé des éléments visuels, des planches du livre pour illustrer la question, qui a été répétée et validée.

— C'était vrai, l'histoire de l'éditeur ?

— Non, c'était des conneries. Mais du coup, la question est restée. Les autres questions, non.

— Putain. *Le Livre rouge* comme cheval de Troie. Pas mal. Mais ça ne te rend pas fou, que tes questions disparaissent ? Moi ça me rendrait dingue.

— Si on faisait la psychanalyse de l'émission, on pourrait dire qu'elle a un surmoi très fort, et qu'elle exerce une censure extrême sur les chroniqueurs, qu'elle traite comme des pulsions à refouler. Du coup les pulsions doivent ruser et se déguiser pour avoir le droit de franchir le seuil de la censure, et de s'exprimer sur le plateau.

— Le plateau c'est la conscience, et l'autre avec ses ciseaux le gardien à l'entrée.

— C'est le videur. Si la question ou la réponse l'emmerde, il refoule. C'est son boulot.

— Et tu es prêt à renoncer à tout échange réel avec les invités, à laisser un videur de boîte de nuit trier tes questions ?

— Tu sais, le matin même, j'ai passé une heure avec Cronenberg, à l'interviewer pour *Marianne*. Je lui ai posé toutes les questions que je voulais.

— Justement.

— C'est sûr. Tu sais, son film se termine par une conversation entre Jung et Sabina Spielrein. Ils ont été amants, se sont quittés. Ils se revoient pour la première fois depuis longtemps. Elle est enceinte d'un autre homme. Il a une nouvelle maîtresse. Ils se sont aimés à la folie. Et là, calmement, Jung dit à Sabina : « Il faut parfois commettre l'impardonnable, juste pour pouvoir continuer à vivre. »

— C'est beau. Et alors ?

— Alors, selon toi, ça veut dire quoi ? Qu'est-ce qui est impardonnable ?

— D'avoir renoncé à leur amour, qui était trop fort, destructeur, toxique pour tous les deux. Enfin, j'imagine.

— Et d'après toi, qui a commis l'impardonnable ?

— Jung. En quittant Sabina. Il n'a pas obéi à la voix de l'amour. Il a préféré la sécurité au risque. Pour survivre.

— J'imaginais la même chose. J'en ai parlé à Cronenberg. Il m'a dit le contraire. Selon lui, c'est Sabina qui, aux yeux de Jung, a commis l'impardonnable en lui préférant Freud.

— Elle a couché avec Freud ?

— Non, pas du tout. Elle a choisi la théorie de Freud plutôt que celle de Jung. Pour Jung c'est une trahison théorique majeure. Mais bon, il lui pardonne, parce qu'elle a fait ça, pense-t-il, pour survivre.

— Elle se serait vengée de Jung qui l'avait quittée en décidant de penser comme Freud ? Pas très sympa de la part de Jung de penser ça d'elle.

— Étonnant, non ? Ce qui est impardonnable, finalement, c'est de penser qu'elle a commis quelque chose d'impardonnable.

— Et pourquoi tu me parles de ça ?

— Parce que. L'échange avec Cronenberg, je l'ai eu. Hors du cadre de l'émission. Mais je l'ai eu. Seul avec lui dans un salon de l'hôtel Bristol. Sans témoins. Sans agitation. Sans projecteurs. Sans urgence. Même la question que je ne me posais pas, il y a répondu.

— Comment ça ?

— Cette phrase de Jung sur l'impardonnable. Je n'aurais jamais imaginé le sens qu'il lui donnait. C'était une révolution mentale. Ça ne peut pas arriver sur le plateau de l'émission. Les conditions ne sont pas propices. Il fallait du temps. Et de l'intimité.

— Et cette question, puisque tu avais la réponse, tu ne pouvais pas la reposer le soir dans l'émission ?

— Ça n'aurait pas eu de sens. Tu vois bien l'environnement.

— Comment tu vas faire ?

— Quand une pulsion se fait refouler, Freud dit

qu'elle doit se déguiser pour retenter sa chance, et tromper le gardien.

— Comme le cheval de Troie ?

— Voilà. Si tu veux. Ou comme le père Noël.

Au bureau avec un adjoint du rédacteur en chef

— Bon, pour ta chronique de Noël demain, désolé, mais finalement on n'aura pas le temps. Ce n'est pas la peine que tu viennes.

— Attends...

— Ou alors à la place, si tu veux, tu peux présenter un documentaire sur le Front national qui passe dimanche.

— On ne peut pas faire ça. Je veux bien présenter votre truc. Mais ça fait trois semaines que tu me tannes pour la chronique de Noël...

— C'est comme ça, c'est l'antenne.

— Mais on va passer pour des baltringues auprès des attachées de presse, on ne nous fera plus confiance.

— Les attachées de presse, elles connaissent la règle, elles savent à quoi s'en tenir. C'est comme ça, elles ont l'habitude.

— C'est dommage comme habitude, non ? On ne pourrait pas respecter notre parole ?

— Il ne fallait pas t'engager.

Le lendemain, dans l'open space avec le rédacteur en chef

— C'est bon, Ollivier, tu as vu le doc' ? Tu as choisi un extrait ?

— Oui, oui, je veux bien faire la speakerine pour vous, mais tu pourrais au moins regarder ce que j'avais prévu pour ma chronique de Noël. Parce que c'est pas très festif, comme cadeau, un doc' sur le Front national au pied du sapin de Noël. C'est vraiment dommage parce que j'avais un truc sublime, qui serait très beau à l'antenne.

— Fais voir.

— Regarde, ça se déplie comme ça. Ça fait deux mètres. Sonia Delaunay illustre Blaise Cendrars.

— Woaw ! C'est génial ! Qui fait ça ?

— C'est les PUF. Les éléments sont prêts, en plus.

— Bon. OK. Tu présentes le doc' et tu présentes le livre.

— Regarde, j'avais ça aussi dans ma hotte. Un livre de Sempé sur l'enfance. Très beau. Ce serait parfait, l'enfance, pour Noël. Non ?

— C'est vrai. C'est magnifique. Bon, on va essayer. Blaise Cendrars sûr, et Sempé on verra.

Répétition

— ... Et on finit avec un documentaire sur le FN. Ollivier ?

— Oui. Donnez-moi juste la date et l'heure de diffusion.

— Enfin, faut être prêt ! C'est pas sérieux !

— Je suis prêt. C'est juste que personne ne m'a donné l'info.

À la sortie de la répétition, avec le rédacteur en chef

— Putain, Ollivier, tu me mets en difficulté devant le boss, c'est vraiment pas sympa !

— C'est moi que tu mets en difficulté. Tu supprimes ma chronique au dernier moment. Tu me demandes d'annoncer un doc', et personne ne me dit quand ça passe.

— On est là, il faut venir nous parler ! Ma porte est toujours ouverte !

— Soit elle est fermée, soit il y a la queue. Moi aussi je suis là, et vous pouvez venir me parler. Ma porte n'est jamais fermée : je n'ai pas de porte. Et je n'ai pas de loge non plus. Je suis facile à trouver. Tu as mon mail, mon numéro. Je peux pas l'inventer, l'heure de diffusion, j'en sais rien !

— Écoute. Si t'es pas content...

— Si je suis pas content, quoi ? Quoi ?

— Le prends pas comme ça !

— Tu sais quoi ? Je le prends comme je veux. Tu me casses les couilles !

Dans le vestiaire du stylisme

— Ollivier. Tu es là ? Tout le monde te cherche. Tu es là ? Je peux allumer ? Ça va pas ? L'antenne est dans sept minutes.

— Tu pourrais aller me chercher une vodka ?

— Tu es sûr ? Tu ne veux pas sortir de là, d'abord ?

— Non. Il faut casser l'humeur.

— T'es pas le premier, tu sais. Beaucoup sont passés par là.

— C'est pas du chagrin. C'est de la rage.

— J'ai vu. Tiens, bois ça.

— Merci.

— Ça va mieux ?

— Oui. Merci.

— Fais voir tes yeux... Houlà ! Il faut mettre de la Visine. Tu peux pas y aller comme ça. Qu'est-ce qui t'est arrivé ?

— Rien. Je lui ai dit qu'il me cassait les couilles.

— Devant tout le monde ?

— Devant tout le monde.

— Tu es sûr que tu peux aller en plateau dans cet état ?

Invité André Bercoff

MD : Les grands souvenirs de *France-Soir* sont multiples. Pour vous, ce sont lesquels ?

AB : Écoutez, Joseph Kessel, Lucien Bodard... Vous savez, juste une anecdote qui est magnifique. Blaise Cendrars a fait le Transsibérien. Lazareff l'avait envoyé. Au bout d'un mois – il avait publié sept articles –, au bout d'un mois on apprend que Blaise Cendrars n'a jamais quitté Meudon. Qu'il est resté là, qu'il n'a jamais pris le Transsibérien, et il a fait des papiers extraordinaires. Et Lazareff le convoque, lui dit : « Blaise, je vais pas te virer, tu sais que je t'adore, tu sais que tu es un grand écrivain, mais dis-moi, le Transsibérien, tu l'as pris ou tu l'as pas pris ? » Et lui, il lui dit : « Mais Pierre, quelle importance, du moment que je t'ai fait voyager ? »

MD : C'était une autre époque.

[...]

MD : Alors Ollivier, c'est Noël dans une semaine et vous avez des cadeaux pour nous.

OP : Alors avant le père Noël, la fille du père Fouettard. C'est une enquête sur les nouveaux réseaux de Marine le Pen, qui s'appelle «La face cachée du nouveau Front». C'est signé Karim Rissouli et Mathias Hillion. C'est diffusé dimanche à 12h45. Regardez. On est en Italie.

[Magnéto :

Marine le Pen est entourée de vieillards. Une vieille femme apprêtée s'adresse à elle en italien :

— Tu te souviens de moi ? Je suis Assunta Almirante. (À un vieil homme à côté d'elle :) Elle le sait qu'on lui a donné notre symbole ? (Le vieil homme traduit pour Marine le Pen :)

— Vous avez conservé la flamme ?

Marine le Pen : – On vous l'a empruntée, on a soufflé dessus, on l'a fait grandir. Je sais.

« Sa flamme tricolore, le FN l'a empruntée à l'extrême droite italienne. Cette femme, c'est la veuve de Giorgio Almirante, le fondateur du MSI, parti fondé sur les ruines du fascisme. Pendant la Deuxième Guerre mondiale, Almirante a été jusqu'au bout aux côtés de Mussolini. »]

[Retour en plateau.]

OP : Alors on revient au père Noël. André Bercoff, tout à l'heure vous avez parlé de Blaise Cendrars. Vous avez entendu qu'on parlait de flamme. Blaise Cendrars, si je me souviens bien, son nom vient du feu. Parce qu'il a perdu sa première femme dans un feu. Il a pris le nom de la braise et de la cendre. Blaise Cendrars c'est un homme qui est re-né par les mots. Et il y a la réédition d'un livre sublime de Blaise Cendrars. *La Prose du Transsibérien.* Magnifique poème.

AB : Magnifique. Extraordinaire

OP : Illustré par Sonia Delaunay. C'est le premier livre simultané. Vous avez en même temps les mots et...

AB : Lisez-le, vous allez chialer. C'est un sublime poème.

OP : Je vous le fais pas dire, j'ai envie de pleurer un peu, là. On va l'ouvrir tous ensemble.

AB : Bravo.

OP : On va pleurer tous ensemble. Regardez, ça fait deux mètres. Si vous voulez voyager dans la prose du Transsibérien, un très beau cadeau à vous faire.

AB : Bravo.

OP : Ou à des amis, si vous en avez.

AB : *Dis Blaise, sommes-nous encore loin de Montmartre, et j'irai au Lapin Agile et je pleurerai ma jeunesse perdue.*

OP : *Et les autres femmes n'ont que des robes d'or sur de grands corps de flammes.*

AB : Bravo.

MD : Merci à tous les deux.

Au téléphone avec André

— Putain, tu faisais une gueule l'autre soir ! Tu les regardais comme si tu allais les tuer.

— J'avais la haine. Les larmes qui me montaient aux yeux, c'était incontrôlable.

— Une crise de nerfs ?

— De rage. Ça m'est arrivé deux fois en tout dans ma vie.

— Et alors ?

— J'ai respiré, j'ai pensé à autre chose, et j'y suis allé. Je me suis dit que je n'essaierais même pas de parler, mais que je serais là. De toute façon, personne ne verrait la différence. La plupart du temps, je ne suis même pas dans le cadre.

— Pourquoi tu y es allé ?

— Le rédac' chef m'a proposé juste avant l'antenne de ne pas aller sur le plateau.

— Plutôt sympa.

— Aucune idée, justement. Dans le doute, j'y suis allé, pour ne pas commettre de faute professionnelle.

— Finalement, tu as quand même fait ta chronique.

— André Bercoff, qui venait parler de la disparition de *France-Soir*, a évoqué Blaise Cendrars et *la Prose du Transsibérien.* C'était le livre dont j'avais prévu de parler. J'y ai vu un signe.

— Pu-tain ! Incroyable ! Tu lui en avais parlé avant ?

— Non ! Pure coïncidence !

— Hasard ou signe ? Comment il appelle ça, Jung, déjà ?

— Synchronicité. Le monde te fait signe. Tu penses à quelque chose, et la réalité s'y accorde...

— Pensée magique !

— Écoute, j'aime bien l'idée que Blaise Cendrars m'a fait un signe. Du coup, pendant la pub je suis sorti du plateau pour aller voir le rédac' chef, récupérer le livre, et lui dire que je faisais ma chronique. Après l'émission, il m'a envoyé un texto pour me dire de me reposer pendant les fêtes, et qu'il fallait qu'on parle tranquillement à la rentrée.

— C'est bien. Il faut crever l'abcès. Qu'est-ce que tu vas faire pour les vacances ? Tu as prévu quelque chose ?

— Dormir.

— Tu ne pars pas ?

— Non. Où tu veux que j'aille ?

— Je sais pas. C'est pas Cendrars qui disait : « Quand tu aimes il faut partir ? »

— *« Quand tu aimes il faut partir*
Ne larmoie pas en souriant
Ne te niche pas entre deux seins
Respire marche pars va-t'en »

— Et son train, alors ? Il l'avait pris, son train, ou pas ?

Quinze jours plus tard, au téléphone avec André

— Alors, finalement tu es parti ?
— Oui.
— Où ça ?
— Loin.
— Cuba ?
— En France.
— Ajaccio ?
— Plus loin.
— Bonifacio ?
— Non. Guadeloupe.
— C'est bien. Qu'est-ce qui t'a décidé ? Je croyais que tu ne voulais pas bouger.
— La première semaine, j'ai juste dormi. Noël, famille, cocon. Un soir, j'allume la télé et je tombe sur un truc à la con de fin d'année, là, tu vois le genre : un bêtisier. Le classement des cent séquences les plus drôles de l'année. Au moment où j'allume, je tombe sur moi avec Boutin que je traite de boudin.
— Ah oui, ton lapsus.
— J'étais en trente-sixième position, je crois.
— Pas mal.
— Ça m'a foutu le cafard, je me suis dit il faut que je me barre. Loin.
— Pourquoi ? C'était plutôt rigolo.
— Tu trouves ?

— Franchement, oui.

— Je sais pas. Moi j'ai trouvé ça triste. Alors j'ai pris des billets pour le soleil avec l'argent du lapsus.

— Bonne réaction. Au moins que cet argent te serve à quelque chose.

— Plage, nage, fonds marins, tortues, coquillages.

— Boudins créoles ?

— Non. Glaces à l'eau.

— Langoustes ?

— Au feu de bois.

— Nature ?

— Arbres du voyageur. Mangrove. Singes. Pumas. Perroquets. Canopée.

— Rayon vert ?

— Rayon vert. Arc-en-ciel aussi. En me baignant sous la pluie.

— Putain... Jour de l'an ?

— Avec bain de minuit en décalage horaire. En rentrant de la plage, une vieille femme m'a fait le plus beau compliment de l'année.

— Elle ne regarde pas l'émission ?

— Non. Elle m'a dit que je marchais bien pieds nus.

— Des comme ça, t'en auras pas à Paris. Lecture ?

— Lecture. *Une planète nommée trahison*, d'Orson Scott Card.

— De la science-fiction ?

— Oui. Et de la poésie. J'avais pris tout Robert Desnos.

— Tu t'es promené avec ton camarade ?

— J'essaye de l'apprendre par cœur, ça me tient chaud comme un ami. Tu veux que je te le dise ?

— Vas-y, balance.

— Non, attends, je te l'envoie :

Aujourd'hui je me suis promené avec mon camarade,
Même s'il est mort,
Je me suis promené avec mon camarade.

Qu'ils étaient beaux les arbres en fleur,
Les marronniers qui neigeaient le jour de sa mort.
Avec mon camarade je me suis promené.

Jadis mes parents
Allaient seuls aux enterrements
Et je me sentais petit enfant.

Maintenant je connais pas mal de morts,
J'ai vu beaucoup de croque-morts
Mais je n'approche pas de leur bord.

C'est pourquoi tout aujourd'hui
Je me suis promené avec mon ami.
Il m'a trouvé un peu vieilli,

Un peu vieilli, mais il m'a dit :
Toi aussi tu viendras où je suis,
Un Dimanche ou un Samedi,

Moi, je regardais les arbres en fleur,
La rivière passer sous le pont
Et soudain j'ai vu que j'étais seul.

Alors je suis rentré parmi les hommes.

— Putain.

— Ouais. Comme tu dis.

— Tu trouves ça où ?

— Dans *État de veille*, ça date de 1936.

— Comment tu dis ?

— *État de veille*. Prévert a repris la même forme pour son poème sur Desnos.

— Je savais pas qu'ils étaient copains à ce point tous les deux.

— Un ami de Prévert, André Verdet, lui a raconté qu'à Buchenwald, quand arrivait un nouveau convoi de déportés, Robert Desnos lui disait en souriant : « Peut-être que Prévert est là-dedans. »

— La vache.

— Tu sais ce qu'en disait Prévert ? « C'est une grande preuve d'amitié d'avoir envie de retrouver un ami n'importe où, n'importe comment, sans réfléchir sur le moment. » Sinon chez toi, comment ça va ?

— Chez moi ?... Putain, il neige.

Janvier

Au bistro avec Jérémie

— Tu ne devrais pas rester juste pour l'argent. De toute façon tu finiras par partir. Vous venez de mondes trop différents. Moi je touchais deux fois plus que toi, et à un moment je n'ai pas supporté. Je n'en pouvais plus. C'est tellement d'argent qu'on se dit que ce n'est pas possible d'y renoncer, mais à un moment, il faut revenir à ta petite vie d'écrivain qui bricole, sinon tu crèves. Ça n'a pas de sens, tu ne peux pas juste rester là à ne rien dire. C'est quand même absurde. Les mots, c'est ton métier. Tu as des livres à écrire. Il faut vraiment que tu t'en ailles. Non ? Tu ne dis rien.

— Tu as raison. Mais je vais quand même leur offrir des chocolats.

— Pour quoi faire ?

— Pour voir.

— Pour voir quoi ?

Invité Jacques Attali

MD : Jacques Attali, vous publiez aujourd'hui chez Fayard un précis à l'usage des électeurs qui s'appelle *Candidats, répondez !* C'est un ouvrage où vous avez mis vos convictions de côté. Ça s'adresse à tout le monde. Cent cinquante-trois questions, dont quinze questions primordiales. Vous ne donnez pas forcément les réponses, vous ne donnez pas les réponses, d'ailleurs.

JA : Je donne à chaque fois deux réponses.

[...]

OP : Monsieur Attali, votre livre est un peu étrange. On dirait un QCM pour candidats à la présidence de la République.

JA : C'est exactement ça.

OP : Pour certains, pour d'autres, avec tous les sujets.

JA : C'est exactement ça.

OP : Vous dites que vous ne vous prononcez pas, ni pour un côté ni pour l'autre, et pourtant en creux on voit déjà pour qui vous n'êtes pas. Vous dites : « Le président devra s'habiller avec élégance, s'exprimer dans un français sans faute, parler correctement l'anglais et si possible au moins une autre langue étrangère. » On comprend qui vous ne soutenez pas, déjà. En creux, j'ai l'impression que vous avez le regret de François Mitterrand. On a l'impression que l'homme de la situation, ce serait lui.

JA : Non, je ne vis pas dans le passé. J'étais très fier de le faire mais je vis dans l'avenir. Là, ce qui m'intéresse, c'est les vingt prochaines années. J'ai fait le portrait idéal d'un président. Et si vous reprenez ce portrait tel que vous venez de le décrire, à ma connaissance aucun candidat ne le remplit parfaitement, totalement.

JMA : Non. François Hollande ne parle pas l'anglais.

OP : Vous parlez anglais, vous.

JA : Oui mais je ne suis pas candidat. C'est un scoop.

OP : Vous parlez d'autres langues. Vous êtes élégant.

JA : Je ne suis pas candidat. Je ne le serai pas.

OP : Ah bon. Dommage.

JA : Non je crois que ce qui est très important... Merci !

OP : Vous avez les réponses, puisque vous avez toutes les questions.

JA : Je crois que c'est très important que vous, journalistes, posiez ces questions...

Bar d'hôtel dans le VIIIe, avec un chroniqueur

— Merci d'avoir trouvé le temps.

— Non, je ne sais pas quoi te dire, c'était bien ce que tu as fait avec Attali.

— Qu'est-ce qui était bien ?

— C'était malicieux. Rapide. Marrant.

— Comme personne ne me dit rien sur ce que je fais ou pas à l'antenne, et que tu es le seul qui...

— Le seul conseil que je puisse te donner, c'est d'être plus avec nous. Plus dans l'humeur. Sois moins cérébral. Essaye d'être un peu moins intelligent, voilà.

— Comment ça ?

— Prépare moins peut-être. Sois plus spontané. Tu veux un café ? Moi j'en ai déjà pris trois.

— C'est tranquille ici.

— Oui, c'est près de la radio. Je viens parfois me reposer ici, lire la presse du jour. C'est un peu hors du temps. Non, je te disais sois plus spontané. Comme ce que tu as fait avec BHL, c'était bien aussi, je n'y aurais pas pensé, à prendre cet angle.

— Mais j'avais beaucoup préparé justement. J'avais lu son bouquin, plus de six cents pages, pris des notes, écouté ses autres interviews... Comme toi, j'imagine que tu lis toute la presse quotidienne, hebdo, les bonnes feuilles des bouquins de tes invités, tu travailles comme un dingue avant de pouvoir être spontané, non ?...

— Ben je ne sais pas, alors. Tu sais, moi je fais ce que je sais faire, et on ne me demande rien d'autre. Toi, tu viens d'ailleurs, de la philo, des livres, donc tu dois t'adapter. Moi je n'ai aucun effort à faire. Il faut peut-être que tu fasses un pas vers nous.

— Pour ça, il faudrait que je puisse parler. Tu crois que je peux demander une minute par jour ?

— Non. Je ne crois pas. On ne te donnera de chronique que si tu parviens à t'intégrer dans l'humeur.

— C'est un cercle vicieux, alors.

— Pourquoi ?

— Si tu veux qu'on t'intègre, d'abord il faut t'intégrer.

— C'est sûr, c'est pas facile.

— Je vais te laisser. Merci pour les conseils, et pour le café.

— De rien. Je ne pensais pas que personne ne te parlait. C'est une surprise. Tu as essayé de parler avec le producteur ?

— Je n'essaye même plus.

— Tu devrais essayer encore.

— Mais vous, vous vous connaissez depuis quoi ? Cinq ans au moins ? Vous avez vos habitudes, vos complicités. Pour parler de vous, tu dis « nous ». J'ai l'impression d'arriver dans un dîner de famille comme une pièce rapportée, un étranger ou un huissier. Après l'émission tout le monde disparaît sans un mot, c'est assez mystérieux, on dirait un tour de magie. Vous vous voyez souvent en dehors ?

— Jamais.

— Jamais ?

— Non, je ne sais pas. C'est comme ça. On se voit déjà beaucoup.

Restaurant japonais de luxe, avec le producteur

— Ça fait deux mois que j'essaye de te voir.

— Oui. Moi aussi, Ollivier, ça tombe bien. Je voulais déjeuner avec toi pour faire le point. Prends le menu sashimi, il est super.

— C'est ton bureau ici ?

— J'aime bien. Avant c'était l'hôtel Nikko. Tu croisais tous les mecs qui prenaient une chambre pour baiser dans la journée.

— Ça a changé ?

— Bon, en première partie, sur le direct, tu as un problème de rythme.

— Un problème de rythme ? Tu crois pas que j'ai un problème de place pour commencer ? Je ne vais pas couper la parole à mes voisins pour en placer une !

— Je comprends. Tu n'es pas comme ça. Ce n'est pas ton caractère.

— Ah parce qu'il faut être comme ça ? C'est ce que tu attendais de moi ?

— Non, je comprends. En plus ça doit être horrible de rester en plateau sans rien dire. Mais en deuxième partie, tu apportes un vrai plus.

— Toutes mes interventions sont coupées au montage.

— Ah bon ?

— Il reste une question sur trois, les bons jours. Tu ne regardes pas ton émission ?

— Bon, en tout cas c'est super, donc je pense que je vais t'enlever de la première partie et te mettre tous les jours sur la deuxième. Au moins, quand tu es là, tu parles. C'est mieux, pour toi, non ?

— Ça sert à quoi si je suis coupé ?

— Je vais donner des instructions pour qu'on te laisse tes questions au montage, tu as ma garantie de bonne fin là-dessus.

— Tu me dégages de la première partie. C'est un vrai désaveu.

— Au contraire. C'est une reconnaissance. Tiens, reprends du wasabi, il est fait maison. La première partie, personne ne regarde, les gens ne sont pas encore rentrés chez eux. On est à un million et quelques. La deuxième partie, c'est le grand bain, on est à deux millions, facile, et les gros jours on finit à trois.

— Écoute, tout le monde sait que tu as fait embrouille première langue. Mais tu n'as pas besoin de prendre de gants avec moi. Si tu me trouves nul, ce n'est pas un problème. Restons-en là. Je rentre chez moi, on n'en parle plus. Je suis écrivain, la télé ce n'est pas mon métier. Mais si tu me gardes dans ton émission, fais-moi travailler. Ça fait cinq mois que je demande une minute par jour. J'ai envie d'apprendre, putain. Je passe plus de temps à regarder ton émission qu'à la faire. Tu trouves ça normal ?

— OK. On essaye encore un peu. Appelle-moi ou envoie-moi un texto après chaque émission. Je te coache pendant deux trois semaines, et on voit.

Février

Sortie de plateau avec un technicien

— Dis donc, elle était speed, Angelina Jolie, non ? J'ai jamais vu une invitée partir aussi vite à la fin de l'émission. Elle n'est pas repassée par les loges. Tout son staff est passé la prendre sur le plateau. Ils sont partis par où ?

— La sortie secrète, qui va directement au parking. Pour les stars.

— Il s'est éclaté le réal'.

— Ah il l'a pas lâchée. Il s'est régalé, il a fait que des gros plans.

— J'ai cru qu'il allait lui faire une endoscopie tellement la caméra la serrait. Pourquoi elle est partie vite, comme ça ? Pour éviter les fans ?

— Non. Elle était à la bourre. Elle devait rejoindre BHL qui l'attendait pour présenter une avant-première de son film.

— Ben oui, la Bosnie. Forcément.

— Il est vraiment bien, son film sur la guerre en Bosnie ? Tu avais l'air d'avoir aimé.

— Je l'ai trouvé remarquable. Et elle, attentive aux autres, fine...

— C'est souvent ça, les grosses stars américaines. Le staff est hyper chiant, ils arrivent à vingt et font privatiser les loges. Mais la star, elle, c'est la plus sympa. Will Smith c'était pareil. U2 aussi.

— C'est marrant, quand Bono est venu, il est vite parti à la fin de l'émission parce qu'il avait rendez-vous avec Sarko. Et dans la soirée, il a rejoint BHL au Flore. J'ai l'impression que BHL fait la sortie de l'émission.

— Il organise l'*after*. Il reçoit les mêmes invités que nous. Mais il les programme au Flore. En tout cas bravo, tu as réussi à parler, ce soir.

— Tu parles. J'ai l'impression d'être au Real Madrid. On m'a acheté une petite fortune, et je cire le banc depuis presque un an.

— C'est ça les grands clubs. On les reconnaît à leur banc.

— Et quand je joue, le plus souvent c'est quand on enregistre, sur la P2, et là, systématiquement, je suis coupé.

— Si tu ne veux pas être coupé au montage, il ne faut pas attendre ton tour pour parler. Tu dois parler avant la fin des applaudissements. Même si tu n'entends pas ce que tu dis, ils ne pourront pas te couper parce qu'ils n'auront pas de point de montage.

— Comment ça ?

— Pour monter, il faut pouvoir recoller les morceaux. Tu ne peux pas couper au milieu des applaudissements.

— Ah d'accord, c'est malin. Je vais essayer.

— Ou alors, si c'est un invité international, tu te cales dans l'intervalle, juste quand l'invité a fini sa phrase, mais avant que le traducteur ait terminé. Comme ça, tu n'interromps pas l'invité, et tu ne peux pas être coupé, parce qu'ils n'ont pas de point de montage non plus.

— C'est vraiment comme au Real Madrid.

— Ou au FC Barcelone. Il faut prendre les intervalles. Jouer dans un mouchoir de poche. Et faire des passes rapides et propres.

Invitée Glenn Close

MD : Voilà, *Albert Nobbs* qui sort la semaine prochaine, le 22. Ollivier.

OP : Glenn Close, vous faites une interprétation qui est digne des Oscars, puisque évidemment vous êtes nominée aux Oscars, mais c'est surtout digne de Charlie Chaplin. J'ai l'impression que vous avez mis du Chaplin dans cette histoire. Est-ce pour mettre du comique dans le tragique, ou est-ce pour le plaisir infini de se déguiser ?

GC : J'ai beaucoup pensé à Charlie Chaplin quand je travaillais sur ce projet. Cette silhouette... Je me suis dit si quelqu'un se déguisait pour la première fois à quatorze ans, le pantalon serait trop grand, les chaussures trop grandes. C'est cette image que j'avais en tête. Je me suis dit qu'il faudrait quelque chose de drôle chez Albert, parce que, au fond, ce n'est pas le bon déguisement pour elle*.

[...]

MD : Vous dites souvent avec beaucoup d'humour qu'on vous confond parfois avec Meryl Streep, sauf le soir des Oscars.

GC : Jusqu'à maintenant.

OP : Vous pensez jouer un jour dans un film où vous joueriez le rôle de Meryl Streep et inversement ? Pour inverser la tendance aux Oscars.

GC : J'ai toujours pensé que ce serait intéressant que les cinq nominés jouent le même rôle. Ça, ça serait intéressant. Voir les cinq interprétations d'un seul et même personnage. Parce que, sinon, comment comparer ? Quand les gens me disent « Est-ce que vous avez le trac ? », je dis non parce qu'il y a des centaines de milliers d'acteurs, et plus de 90% sont sans emploi. Il y a des milliers de films qui se tournent tous les ans. Et vous devez choisir une personne parmi cinq ?

OP : Vous avez envie de quoi...

GC : Pour moi il n'y a pas de perdante.

OP : ... maintenant qu'*Albert Nobbs* est un abou-

---

* Albert Nobbs est l'histoire d'une jeune fille qui se déguise en homme pour trouver du travail.

tissement au cinéma, que *Damages* va se terminer. Vers quoi vous porte votre envie ?

GC : Eh bien je crois que ça fait six ans maintenant que je travaille sur un film, *Thérèse Raquin*, dont je dois tenir le rôle-titre. Après, je ne sais pas...

Sortie de plateau avec un technicien

— Bravo. Tu vois, là, tu es arrivé à prendre la parole et à la garder.

— J'ai fait exactement ce que tu m'as dit. Prendre l'intervalle. J'ai commencé à parler avant que la traduction soit finie, mais juste quand Glenn Close avait fini de parler.

— C'est parfait. Ils ne pourront pas te couper. Et tes questions étaient à la fois simples et intéressantes pour l'invité. Elle a dit des trucs marrants.

— J'ai l'impression d'avoir marqué un but. Ou d'avoir pris une vague.

— Et t'as surfé du gros. Tu vois, ça met du temps, mais tu vas y arriver.

Dans la loge du stylisme

— Ça va, tu étais content ? Elle était super, Glenn Close, non ?

— Non vraiment c'est pas possible de faire ça ! Il faut respecter le conducteur, quoi. Merde ! !

— Mais...

— C'est pareil tous les jours. Vous respectez rien, putain !

— De quoi tu parles ?

— C'est n'importe quoi !

— Dis-moi ce que j'ai fait.

— Tu n'as pas suivi le conducteur. Tu as pris la parole et...

— C'est toi qui me l'as donnée.

— Hein ? Tu n'as pas...

— Regarde l'émission. La parole, c'est toi qui me l'as donnée.

— De toute façon, si ça continue comme ça, c'est bien simple, je vais tous vous virer, vous me faites vraiment chier ! !

Invités Pierre Lescure, Antoine de Caunes et Philippe Gildas

MD : ... Et il y a une ligne directrice dans tout ce que vous faites, c'est le plaisir, la liberté, et le journalisme.

PL : C'est bien résumé, Michel.

MD : Merci beaucoup.

[Applaudissements. Rires.]

AM : Et ce que vous racontez très bien je trouve dans le livre, c'est que vous dites que finalement, à Canal vous arrivez à mêler une ambition, une créativité et surtout des amitiés. En fait, vous mettez vos potes, et votre créativité, vous mélangez tout ça et ça donne Canal.

PL : Vous savez à l'époque j'ai trente-huit ans. Donc... Michel, on est à peu près de la même génération.

MD : Tout à fait.

PL : Mais tous les autres sont beaucoup plus jeunes. Et donc on se dit il faut qu'on vende de la télévision. Jamais on n'a vendu. Il va falloir payer. Donc autant que ce soit gai. Il faut donc qu'on soit heureux. On a une page blanche. Il faut que nous, on soit heureux, et si on est heureux, si on s'entend bien, il y a des chances que ça se voie à l'antenne.

OP : C'est ça, l'esprit Canal ?

Mars

Au bureau avec un adjoint du rédacteur en chef

— Ollivier, il paraît que t'es pote avec André Manoukian ?

— Comment tu sais ?

— Je sais pas. Je sais. Tu pourrais lui proposer de venir débattre de culture avec Marine le Pen ? Parce qu'on est dans la merde, là, on ne trouve personne.

— Personne pour débattre avec elle ?

— Personne.

— Comment ça se fait ?

— Ben... Marine le Pen, quoi.

Au téléphone avec André

— André, viens, on va se marrer...

— Non, franchement je le sens pas. J'ai pas envie

et je saurai pas quoi dire. En plus je suis en plein enregistrement. J'aurai la tête ailleurs. La fille qui bosse avec toi m'a déjà appelé. J'ai dit non.

— C'est moi qui lui ai donné ton numéro. Je pensais qu'ensemble on pourrait faire un truc sympa. Allez, viens.

— Putain, non. Je sais pas.

— Si tu le fais pas pour elle, fais-le pour moi. Allez, où est le montagnard en toi ? Viens chercher ton équipier tombé dans une crevasse en août et qu'on n'a toujours pas retrouvé en mars.

— Si tu me prends par les sentiments... Bon, je la rappelle.

— Tu vas voir, ça va être sympa.

— Tu crois ? Bon, je la rappelle tout de suite. Mais pourquoi moi, au fait ?

— Tout le monde se dégonfle. Ils trouvent personne.

— Putain, je regrette déjà.

Bureau du rédacteur en chef

— Bon, comme tu sais, on va faire quatre émissions spéciales, avec les gros candidats. Toi qui rêves toujours de parler de culture, tu vas être servi, tu seras en deuxième partie et pour chaque candidat tu auras une ou deux minutes pour le faire réagir sur un objet culturel auquel il tient, son bouquin préféré, ou un truc comme ça.

— Et pour la première partie ?

— Ne le prends pas comme ça. On essaye de trouver une place pour tout le monde. Toi, tu es d'accord, tu es plutôt sur la culture que sur la politique. Donc tu ne seras pas en plateau en P1, mais tu auras toute la P2 pour débattre avec le candidat.

— Je croyais qu'il y avait déjà un invité pour débattre avec l'invité ?

— Oui. Y a ton copain Manoukian pour Le Pen, y a Naulleau pour Bayrou et Mabanckou pour Sarkozy. Mais tu es libre de participer au débat entre eux. Et surtout, à la fin, ton objet culturel.

Au téléphone avec André

— André, j'ai réfléchi. Ne viens pas. Tu as tout à perdre.

— Pourquoi tu dis ça ?

— En tout cas, tu n'as rien à gagner.

— J'ai dit oui, c'est trop tard.

— Dis non. Je dirai que tu avais piscine.

— Putain... C'est maintenant que tu me dis ça ?

— Je sais. Mais ça sent mauvais, là. Je le sens pas. Comme disent les footeux, ça sent le match piégeux.

— Je suis coincé. J'ai dit oui.

— Mais non t'es pas coincé. On a souvent des invités qui annulent moins d'une heure avant le direct. Ils ont toujours une solution de repli. Un coup de fil et une moto-taxi à un invité permanent, genre Laurence Parisot, et hop ! le tour est joué. Ne viens pas, je te dis. Sinon tu vas le regretter... Allô ? Tu es toujours là ?

— Oui.

— Tu ne dis rien... Tu ne dis rien parce que tu sais que j'ai raison, mais tu vas quand même venir.

— Comment tu sais ?

— Je te connais. Tu es en plein conflit de loyauté.

— Conflit de quoi ?

— De loyauté. D'un côté tu sais qu'il ne faut pas y aller. De l'autre côté, tu t'es engagé à le faire. Tu es déchiré entre la loyauté envers toi-même et la loyauté envers autrui.

— Tu fais chier. C'est exactement ça.

— Je te comprends. Je vis ça tous les jours.

— Putain...

Dans la loge d'André Manoukian avec le producteur

— Putain j'ai la trouille.

— T'as raison d'avoir la trouille. Elle est balaise, elle va te niquer.

— Putain !

— Écoute André, même si tu ne peux pas en placer une, tu soignes ta réaction. *Body language*. Tu peux faire une moue, ou secouer la tête, le réal' est sur toi avec la caméra. Ça vaut une phrase. C'est un commentaire. Celui qui parle, c'est celui qu'on voit, même s'il ne dit rien. Il faut que tu parles toujours, même quand tu n'as pas la parole. C'est vrai, elle est très forte. Mais on ne sait jamais. Qui sait ? Ça peut devenir un moment fondateur de télé. Il peut y avoir un avant et un après pour toi.

— Tu me fous encore plus la trouille.

— Allez salut, à tout à l'heure.

— Putain Ollivier, tu m'as mis dans un truc, là...

— L'écoute pas. Lui, il s'en fout, ça le fait marrer. Forcément, il est pas à ta place.

— En même temps c'est pas mal, son truc de *body language*.

— Si tu ne sais pas quoi dire, dis-le avec ton corps.

— Non mais le silence filmé vaut plus que la parole pas cadrée, c'est terrible.

— Tu as de la chance. Tu as droit à un cours particulier. On est au mois de mars, personne ne m'a jamais expliqué le *body language*.

— Normal, ce sont des *free riders*. Dans la neige hors piste chacun trace son sillon tout seul. C'est le premier qui passe qui a raison. Le voisin se débrouille. Tout est extrême.

— Il paraît que sur la banquise, chez les Eskimos,

si tu es assez con pour tomber dans l'eau, personne ne vient te chercher. Même si tu fais du *body language* pour appeler au secours.

— Et tu as préparé un truc, toi ?

— On va parler de Baudelaire. Quand Jean-Marie Le Pen a récité du Brasillach, l'autre jour, elle l'a défendu en disant qu'on pouvait aimer Baudelaire sans être drogué ni syphilitique.

— C'est gonflé de comparer la collaboration avec les nazis à une maladie sexuelle.

— Oui. Et transmissible.

— Non mais c'est sympa d'être venu me briefer quand même.

— Oui, c'est sympa. Il y a un côté dernier jour du condamné. Tiens, pour ton dernier repas tu as eu droit à des bonbons dans ta loge et à un mot du producteur.

— Putain, t'as raison. Je me fumerais bien une dernière cigarette, mais je fume plus.

— Bon écoute. Fais comme tu peux. Si je vois que tu galères trop, je te lance sur l'analyse de sa voix : est-ce que ça ferait une bonne chanteuse, tout ça, ton truc habituel sur la colonne d'air qui doit partir d'où, déjà ?

— De l'anus.

— C'est vrai ou c'est des conneries ?

— Non, c'est vrai. Quand tu chantes, il faut se tenir bien droit, le diaphragme doit descendre jusqu'en bas, et...

— OK, parfait. Gardes-en pour tout à l'heure.

Invitée Marine le Pen

MD : Quand on lit votre site, vous vous prononcez pour l'exception culturelle française et rien d'autre. Rien d'autre que la priorité nationale appliquée à la culture. Qu'en pensez-vous, André ?

AMa : C'est juste un contresens par rapport à la musique, parce que la musique c'est juste une histoire de métissage, si vous voulez. En gros, si on regarde la musique classique, elle vient... Vous êtes, vous avez des ferveurs catholiques et je les respecte, naturellement. Mais vous savez que le chant grégorien vient du chant mozarabe. C'est-à-dire que nos moines, dans les abbayes cisterciennes du XIIe siècle, ils ont fondé tous les chants qu'on entend à la messe parce que c'est un chant qui venait des Arabes qui s'étaient mélangés à l'Espagne du Sud. On apprend ça en première année de musicologie.

OP : Ça, c'est des news.

MLP : C'est pas ça mais quel est le rapport avec le schmilblick, surtout ?

AMa : Ben le rapport avec le schmilblick c'est juste que la préférence nationale en musique, ça n'existe pas. La musique c'est comme un vent qui circule et qui relie tous les peuples entre eux.

MLP : À ce moment-là on supprime l'exception culturelle française, qui a quand même permis de sauver la création française, excusez-moi, moi je veux bien mais...

AMa : Pas une seconde.

MLP : Ah !

AMa : Il y a un contresens par rapport à ça.

MLP : Ah bon !

AMa : L'idée, c'est juste de dire : une musique nationaliste ne peut pas exister...

MLP : Une musique *nationaliste* !?

AMa : Alors on dit que la musique, c'est l'expression de l'âme d'un peuple. Mais la musique la plus belle, ce sont des musiques de fusion. En France aujourd'hui on a de la chance parce que les musiques qui sont produites chez nous sont les plus enviées dans le monde entier.

MLP : Écoutez, excusez-moi...

AMa : Pardon pardon.

MLP : ... Mais je ne sais pas de quoi vous parlez.

[...]

MD : Alors...

AMa : Une question plus légère. C'est quoi votre musique préférée ?

MLP : Moi j'aime la chanson française. Désolée, hein.

AMa : Genre qui ?

OP : Juste une question pour André Manoukian, qui est quand même « La Nouvelle Star »... La prestation de Marine le Pen en termes de voix, vous qui êtes un jazzman, vous trouvez ça comment ?

AMa : Alors j'aime beaucoup son timbre, parce qu'elle a un timbre de chanteuse de blues. Mais le problème c'est que vous êtes un tout petit peu monocorde et que vous ne descendez pas assez au niveau du diaphragme.

OP : Il faut descendre jusqu'où ?

AMa : Il faut descendre jusqu'en bas.

OP : C'est quoi, en bas ?

AMa : Vous savez, chanter c'est se mettre dans une histoire de colonne d'air, et puis voilà.

MD : C'est pas facile.

AMa : Non c'est pas facile. Mais en même temps par rapport au blues et au jazz, je voulais juste vous dire cette petite information, peut-être que vous savez pas, vous savez que le jazz a été considéré comme une musique maudite dans la période sombre de notre histoire, pourtant c'est la fusion réussie de plein d'influences, de la musique des Africains, de la musique des Indiens d'Amérique...

MLP : Mais j'adore le jazz.

AMa : ... et des Bretons ! Est-ce que vous saviez ça, que les Bretons ont participé à l'élaboration du jazz ?

MLP : Non mais me vendez pas ça, j'adore le jazz, moi.

AMa : Ah ben c'est formidable.

MLP : Je ne juge pas les musiques en fonction de leur origine, c'est absurde. Ce que je dis...

MD : Ben quand vous chantez, c'est pas du jazz.

[Magnéto :

Marine le Pen chante une chanson de Dalida en réponse à un journaliste : *Encorrre des mots, tou-*

jourrrs des mots, les mêmes mots, rrrien que des mots...]

AMa : C'est pas mal du tout. Le timbre est là, c'est plutôt juste.

OP : L'accent aussi.

[Changement de sujet : Hadopi et la régulation du téléchargement illégal sur Internet]

MLP : Moi je trouve que les majors, c'est un peu bien fait ce qui leur arrive quand même. Parce que quand on voit que les musiques qu'ils vendent sur Internet sont quasiment aussi chères qu'en magasin, alors que y a pas la jaquette à payer, y a pas la distribution à payer, y a pas la publicité à payer, et c'est quasiment l'œuvre brute, honnêtement ils exagèrent, et si aujourd'hui ils font, euh, s'ils sont victimes de téléchargement illégal, c'est un peu de leur faute, voilà.

MD : Dernier mot, André Manoukian.

AMa : Je veux dire : à qui... le, le... Hadopi est nécessaire, mais c'est, il faut le, j'allais dire il faut le restructurer, et surtout il faut le, il faut l'ouvrir. Il faut, il faut pratiquer une politique de coercition pédagogique, et puis y a...

MLP : La *coercition pédagogique* !

AMa : Oui, ben parfaitement.

MLP : Je vous ressortirai ça, tiens.

AMa : Ben oui.

MLP : C'est génial, la coercition pédagogique...

AMa : Ben oui, ben c'est pas vous qui... Et l'idée c'est juste...

MLP : C'est juste l'inverse d'Internet, ça. La coercition, c'est l'inverse d'Internet.

[...]

OP : Je vous ai entendue dire il y a quelques jours, c'était après votre meeting à Marseille, que *Les Fleurs du mal* étaient votre livre de chevet, et qu'on pouvait aimer Baudelaire sans être drogué ou syphilitique – c'est dommage parce que c'est manquer un peu la moitié du plaisir, mais tout de même. Du coup hier soir j'ai relu *Les Fleurs du mal*, ça m'a collé un spleen incroyable. Et je voulais savoir ce qui vous avait touchée. Est-ce que c'est la poésie de Baudelaire ou est-ce que c'est le personnage de Baudelaire ? Je vous ai sélectionné des petits vers. Mais tout le monde connaît *Les Fleurs du mal*, bien sûr.

[Sur le mur : *Tu m'as donné ta boue et j'en ai fait de l'or.*]

OP : Alors est-ce que c'est les poèmes qui vous font vibrer, ou autre chose ?

[Sur le mur : *Plonger au fond du gouffre, Enfer ou Ciel, qu'importe ?*
Au fond de l'Inconnu pour trouver du nouveau !]

MLP : Non, ce sont les poèmes. Je les trouve d'une très grande cruauté, d'une très grande violence, et en même temps d'une très grande beauté.

J'aime pas tout d'ailleurs de manière égale mais je trouve que cet homme a un talent absolument extraordinaire. Et c'est vrai que... dans un moment où les poèmes étaient plutôt fleur bleue, etc. *Rappelez-vous l'objet que nous vîmes mon âme ce beau matin d'été si doux...*

OP : « Une charogne » ?

MLP : *Au détour d'un sentier une charogne infâme, sur son lit semé de cailloux...*

OP : Vous lisez « Une charogne » avant de vous coucher ? C'est pas mal, c'est original.

MLP : Ben oui oui, ben oui bien sûr, ben y en a d'autres qui sont, qui sont un petit peu plus, d'autres poèmes qui sont un peu plus légers que cela. Mais est-ce qu'on est obligé d'expliquer pourquoi on aime tel ou tel poète ? Je crois, c'est un petit peu...

MD : Eh bien là on va plus avoir le temps.

MLP : C'est un petit peu comme pour les tableaux si vous voulez, ça vous parle quelque part, ou ça ne vous parle pas. Tous les goûts sont dans la nature, et ça aussi ça fait partie de la liberté de la culture.

Sortie de plateau, dans la loge d'André Manoukian

— Ah putain !
— Je t'avais prévenu.

— La catastrophe ! Je me suis ri-di-cu-li-sé. Elle est vachement forte. Tu m'étonnes que personne voulait débattre avec elle. J'ai pas eu le temps de préparer, j'étais en studio toute la journée. Je voulais me poser un peu, avant. J'ai dit que des conneries !

— Tu n'en as pas que dit. En même temps, je te voyais essayer de faire ton *body language*, là !

— Ah ouais ? Oh putain !

— C'était rigolo. On aurait dit un personnage de Tex Avery. Il avait raison, Jo l'embrouille. Pour toi, il va y avoir un avant et un après. Qu'est-ce qui t'a pris sur Internet ? Comment tu as dit ? La *coercition positive* ?

— *Pédagogique*. C'est n'importe quoi. Mais c'est eux là, avant. Ils m'ont farci la tronche en me disant que pour qu'il y ait débat, ce serait bien que je tienne cette position.

— Ce n'est pas ce que tu penses ?

— Non. Enfin, si, il y a deux ans. Mais maintenant j'y crois plus du tout.

— Et pourquoi tu as dit ça alors ?

— J'en sais rien. Plus elle avait raison, plus je m'enfonçais.

— André Manoukian, l'ami de la coercition pédagogique. L'ennemi de la liberté de la culture.

— Je sais.

— Tes potes de *Libé* vont pas te rater.

— Putain, ça commence. Les textos que je me prends !

— Surtout regarde pas Twitter.

— Ah ouais ? Tu crois ? Qu'est-ce qui m'a pris de dire oui ?

— C'est ma faute. C'est moi qui t'ai dit de venir. En même temps, tu as eu droit à « Une charogne » récitée par Marine le Pen en robe à fleurs.

— T'as raison, j'avais pas remarqué. Tu crois que c'était en hommage à Baudelaire ?

— *Body language.*

— Heureusement que tu m'as lancé sur sa prestation vocale.

— Ouais mais t'es pas allé au bout. Pourquoi t'as pas dit d'où elle devait partir, la colonne d'air ?

— Ah putaaaain !

— Tu dis beaucoup putain, quand même.

— Ah putain ! C'est quand j'ai le trac.

— Tu avais le trac ?

— C'est impressionnant quand tu arrives. À chaque fois, ça me fait un truc dans l'estomac.

— T'as l'habitude quand même.

— Quand même, ça fait toujours quelque chose... Tu descends plusieurs étages, tu quittes la lumière du jour pour l'obscurité, et puis tu entres dans la lumière artificielle.

— C'est vrai. Ça me fait ça aussi. Tu as vu *Angel Heart*, le film d'Alan Parker, où un ascenseur descend indéfiniment pour t'emmener en Enfer ?

— C'est ça. Tu t'enfonces sous la terre. Et quand tu débarques sur le plateau, c'est comme dans *Gladiator*, quand il entre dans l'arène avec les lumières dans la gueule, le vacarme des applaudissements, et vous qui attendez assis derrière votre grande table, tu as l'impression d'arriver devant Cerbère, le chien qui garde la porte des Enfers. Et là, bienvenue mon pote, vas-y, débats-toi avec Marine le Pen.

— Tu trouves que j'ai une tête de Cerbère ?

— Pas toi. L'ensemble. On t'accueille, on t'assied, on te questionne. On dirait un tribunal souterrain. Cerbère, je te dis, le chien à trois têtes. Ou à cinquante, je sais plus. Il avait combien de têtes, Cerbère ? On a l'impression que vous êtes trop nombreux. Qu'on va pas s'en sortir vivant. Qu'on va peser ton âme, et qu'on va décider de quel côté on t'envoie. C'est Cerbère qui trie les âmes, non ?

— Non. Lui il trie juste les morts et les vivants. Il ne laisse passer que les âmes mortes.

— Comment il les reconnaît ?

— Il les renifle. En fait, il peut pas les sentir. Il ne s'intéresse qu'à la viande vivante. Et donc, il laisse passer les morts. Mais il ne les laisse pas ressortir. Jamais.

— Pourquoi tu me dis ça sur ce ton ?

— Toute entrée est définitive.

— Si tu es mort. Mais les vivants ?

— Il les bouffe.

— J'adore ! J'adore la mythologie. Donc ils peuvent entrer aussi, puisqu'ils meurent.

— Non, il faut avoir une pièce dans la bouche pour payer son passage. Et c'est bien vu de pouvoir offrir ce qu'on a mis dans ta tombe : des petits gâteaux au miel, du parfum, des fleurs... Sinon tu erres indéfiniment. Tu vois, c'est quand même différent. Là, on te laisse repartir, et c'est à toi qu'on a offert des cadeaux.

— Les temps changent. Cerbère m'a fait des cadeaux et m'a laissé repartir. Avec un peu de chance, ça veut dire que malgré mon passage dans ton émission, mon âme n'est pas morte.

— Tu vois, il y en a qui s'en sortent quand même. Mais à part Hermès, Hercule et Orphée, personne ne s'en est sorti vivant. Il faut être un dieu, un demi-dieu, ou un musicien exceptionnel. Tu as eu quoi comme cadeaux ?

— Un parfum.

— Ah bon ?

— Et des fleurs.

— C'est bizarre. Ils ont dû confondre ta loge avec celle de ta nouvelle copine. Pas de gâteaux ?

— Des bonbons. Ça compte pas, si ?

— Allez Orphée, retourne à ton piano, va bosser tes gammes, on sait jamais.

— Putain !

En voiture avec André

— Mets-nous un peu de musique, ça va nous consoler.

— C'est marrant. Y a une journaliste l'autre jour

qui me demande ce que j'écoute dans ma voiture. Je lui dis Jankélévitch. Elle me fait : « Je ne connais pas ce groupe. »

— En même temps, écouter Jankélévitch sur l'autoroute, tu avoueras...

— Je vais nous mettre Deleuze. Lui, rien que la mélodie de sa voix, ça me fait du bien... Autant Jankélévitch c'était Charlie Parker avec des grosses variations, comme des éclairs dans un orage. Autant lui c'est Lester Young, le compagnon de Billie Holiday, vachement plus feutré, c'est le *growl*.

— Le ?

— Le *growl* c'est cet effet qu'on a quand on force un peu sur le sax. Deleuze lui avait le *growl* naturel de la voix, un petit peu... comment on appelle ça en français ?

— La tuberculose ?

— On sent qu'il a une faiblesse pulmonaire, et qu'il fait attention à son souffle, un tout petit filet d'air, qu'il laisse échapper très lentement... Et cette lenteur, tu vois... Si tu remarques le truc, dans cet extrait y a deux moments. Y a un moment de rupture avec l'autre qui dit : « On change de bobine. » Et après il reprend, il chante un peu moins. Il est contrarié parce qu'on l'a coupé. Mais si tu l'écoutes quand il est lancé... Il fait des phrases comme ça et puis il les *descend*. Et quand il les *descend*, il arrive à la fin de sa phrase sur une note basse et fondamentale où on sent qu'il a *trouvé*. C'est-à-dire qu'il est en train d'élaborer sa pensée, mais qu'en même temps ça n'était pas improvisé. Quand il dit à Claire Parnet : « Je n'accepte qu'à une condition : que ce ne soit diffusé qu'après ma mort, mais j'ai accepté aussi à condition que je puisse y réfléchir avant. » Et là il nous dit un truc, il dit : « Il est hors de question que je m'exprime sans avoir réfléchi à la question auparavant. » Et tout d'un coup on est dans un monde où il nous explique que... Aujourd'hui on est dans le contraire, la télévision c'est genre tout le monde parle dans l'immédiat sur des sujets qu'on connaît pas. Lui il dit : « Je veux bien parler, mais il faut avant que j'aie eu à y réfléchir. » On l'entend improviser sa pensée. Mais ça n'est pas une improvisation fulgurante ou limite délirante comme Jankélévitch. Il dit : « Pour moi un philosophe crée des concepts, un musicien crée des affects, un écrivain crée des percepts. » Et un producteur télé crée de l'inepte.

— Ça c'est toi qui rajoutes.

— Oui bref. On l'entend jubiler, mais avec une jubilation j'allais dire tranquille, et avec une pensée qui se déploie comme ça, toute en courbes. Même s'il aime pas les chats, il se déploie un peu comme un matou, et de voir cette pensée qui s'élabore...

— En fait, tu es en train de me dire que tu as essayé de faire pareil que Deleuze, mais avec Marine Le Pen à la place de Claire Parnet.

— C'est important Claire Parnet, c'était son élève, elle est proche de lui, mais on la voit à peine dans le miroir, et ça aussi c'est important parce que nous on a un petit peu ce... ce... il s'adresse pas à nous, il s'adresse pas à la caméra, il s'adresse aux vivants de l'au-delà, mais il a cette figure féminine qui est jeune, qui est belle et qui tout à coup va lui permettre de se déployer...

— Toi, c'est sûr, t'as pas eu l'occasion, là.

— Quelqu'un... un philosophe, un musicien, quelqu'un qui parle, s'il n'est pas écouté, va produire des choses beaucoup moins intéressantes. Quand je faisais le tour des maisons de disques avec mes galettes, je regardais pas le directeur artistique, on écoutait la musique ensemble. Mais sans le regarder, si je n'entendais que les défauts, je savais qu'il n'aimait pas. Comme s'il y avait un filtre. Et ça, on le sent à la seconde même.

— Je te le fais pas dire.

— Toi sur ton plateau, c'est sûr que... y a pas Claire Parnet.

— Mais y a pas Deleuze non plus.

— Putain. Je pourrais pleurer, là. On s'est mis dans un truc, c'était vraiment la honte, quand même.

— Allez, mets-nous un coup d'*Abécédaire*. C'est son meilleur album.

— Sept heures trente-trois. Vingt-six titres. Je nous mets «R comme Résistance»... Ça va nous remettre d'aplomb.

— T'as raison. Ou nous achever. Par contraste.

Gilles Deleuze : «Quand je parle de la honte d'être un homme, c'est même pas au sens grandiose de Primo Levi, tu comprends. Parce que, si on ose dire une chose comme ça, mais... chacun de nous dans notre vie quotidienne, y a des événements minuscules qui nous inspirent la honte d'être un homme. On assiste à une scène où quelqu'un, vraiment, est un peu trop vulgaire. On va pas faire une scène. On est gêné. On est gêné pour lui, on est gêné pour soi puisqu'on a l'air de le supporter – presque, là aussi, on passe une espèce de compromis. Et si on protestait en disant "Mais c'est ignoble ce que tu dis!", on en ferait un drame. On est piégé. On éprouve – là encore, ça se compare pas avec Auschwitz! –, mais même à ce niveau minuscule, y a une petite honte d'être un homme. Si on n'éprouve pas cette honte, y a pas de raison de faire de l'art. C'est... Oui, je peux pas dire autre chose.»

Au maquillage, avec François Bayrou

— Monsieur Bayrou, vous allez bien ?

— Oui, et vous ? Vous lisez quoi en ce moment ?

— Vous allez voir. On va en parler tout à l'heure. Et vous ?

— En ce moment Jorge Semprun. *L'Écriture ou la Vie.*

— Il m'a toujours intrigué, ce titre. Comme s'il fallait choisir. Ça sonne un peu comme « La bourse ou la vie ! ».

— Oui. Ou ça peut vouloir dire «L'écriture, c'est-à-dire la vie».

— Ah oui. «Ou» dans ce sens-là. C'est peut-être les deux. Et vous avez le temps de lire malgré la campagne ?

— Non. Mais je le trouve. Et vous, vous avez le temps d'écrire malgré l'émission ?

— Plus vraiment.

— Et de lire ?

— Des vrais livres ? Plutôt en vacances. Là j'ai relu Primo Levi. *Si c'est un homme.*

— C'est formidable. Je...

— Pardon, on continuera tout à l'heure. Je dois vous laisser.

Dans le couloir des loges

— Ollivier, je t'ai déjà dit de ne pas parler aux invités avant l'émission !

— Tu m'avais dit ça pour les témoins, les invités fragiles, mais qu'avec les politiques, pas de problème, qu'ils avaient le cuir épais, etc.

— Non, écoute...

— On est au maquillage, l'invité me parle, je lui réponds poliment, tu arrives en pleine conversation, on parle littérature et tu veux me faire sortir. En quoi ça te gêne ? Je peux parler à qui je veux, quand même, non ?

— Non, justement. Pas ici. C'est une consigne, c'est comme ça et pas autrement.

Invité François Bayrou

AM : Alors la musique. On vous a dit : le dernier disque que vous avez acheté ? Le best-of de Barbara. Alors, il y a cinq ans vous étiez là, j'étais là. Je vous ai demandé le dernier disque, et vous m'avez dit Barbara !

FB : J'aime toujours les mêmes choses !

[La musique commence, la voix de Barbara s'élève.]

AM : Oui, mais enfin quand même.

FB : Écoutez ça !

AM : C'est pas, c'est pas...

[... *Je t'aime...*]

FB : Écoutez ça.

OP : Écoute !

FB : Écoutez ça !

AM : C'est magnifique, François Bayrou.

[*Ma plus belle histoire d'amour c'est vous.*]

AM : C'est splendide !

FB : Chut !

[*C'est vrai je ne fus pas sage*
Et j'ai tourné bien des pages
Sans les lire blanches et puis rien dessus...]

AM : Je peux ? C'est magnifique. C'est magnifique. Certainement c'est magnifique.

FB : Eh bien j'écoute Mozart, il est mort il y a longtemps.

AM : C'est pas une question d'être mort il y a longtemps.

FB : J'écoute Bach, il est mort il y a longtemps.

AM : Absolument.

FB : J'écoute Barbara, elle est morte, hélas !

AM : Non mais bien sûr.

FB : J'écoute Brel, j'écoute Brassens.

AM : Je vais vous faire écouter un vivant. LMFAO. Ils sont venus il y a quelque temps sur ce plateau. Regardez, regardez.

[Magnéto :

Musique de boîte de nuit. Deux types chevelus torse nu, en slip, l'un bleu à paillettes, l'autre rose en forme de tête d'éléphant avec une immense trompe rouge qui pend jusqu'à terre, et qu'il balance comme un sexe, se trémoussent sur le plateau de l'émission devant des chroniqueuses hilares et des invités interloqués.]

AM : Énorme carton. Mais plus sérieusement, vos enfants, vos petits-enfants, ils vous, de temps en temps ils vous disent pas : « Tu veux pas écouter ça, c'est quand même... ? »

FB : Si, ils me chargent des trucs.

AM : Et quoi ?

FB : Je ne sais pas eux comment ils les ont chargés, d'ailleurs.

AM : Ils vous chargent des trucs comme ça, quand même ?

OP : Bon t'as compris, il écoute toujours les mêmes choses, il lit toujours les mêmes livres.

FB : Voilà !

OP : J'en ai un, qui est là.

FB : Qu'est-ce que c'est ?

OP : C'est votre livre de chevet.

FB : Oui.

OP : Celui que vous avez lu plusieurs centaines de fois. Je ne sais pas comment on fait, moi...

FB : Oui. C'est *Les Enfants Jéromine*. Vous l'avez lu ?

OP : Exactement. *Les Enfants Jéromine*.

FB : Est-ce que vous l'avez lu ?

OP : Alors non seulement je l'ai lu...

FB : C'est formidable.

OP : De Ernst Wischert.

FB : Oui.

OP : Hein, vous me l'avez appris... Je remercie l'École normale supérieure. J'ai trouvé ça à la bibliothèque, caché, au fond, il y avait de la poussière. Je l'ai lu et j'ai trouvé une petite citation, j'aimerais avoir votre réaction. Vous lisez ça apparemment tous les soirs, puisque plusieurs centaines de fois...

FB : Non, pas tous les soirs.

OP : Toutes les semaines.

FB : Mais ça fait quarante ans que je lis ça, alors je l'ai lu au moins...

OP : Bon, bref. « À l'école on te dira que ce sont les empereurs et les rois qui remuent le monde. Mais il ne faut pas le croire. Le Christ a remué le monde. Celui-là seul remue le monde qui sait remuer les cœurs. »

FB : Eh bien cette phrase-là : « Celui-là seul remue le monde qui sait remuer les cœurs » est probablement la phrase la plus juste qui aura été dite ce soir.

MD : Eh, peut-être.

MA : Et elle est pas de vous !

[Rires.]

MD : On va rester dans la culture, avec une petite spéciale « Service après-vente d'Omar et Fred », vous allez voir, ça aussi c'est de la culture.

Sortie de plateau avec François Bayrou

— Vous me l'offrez, le livre ?

— Je ne peux pas. Je l'ai emprunté à la bibliothèque de l'École. Une rareté.

— J'adore vraiment ce livre. Il m'accompagne. Les bons livres sont faits pour être relus.

— Le philosophe Alain, quand il est parti à la guerre, en 14, n'a emporté que trois livres avec lui.

— Lesquels ?

— *Le Lys dans la vallée*, de Balzac.

— Sublime. Et ?

— Et les autres, j'ai oublié.

— Vous aimez Alain ?

— Il est mort il y a longtemps, lui aussi. Il citait souvent Auguste Comte : « Les morts gouvernent les vivants. »

— C'est tellement vrai.

— Et vous voulez quand même gouverner ? Ou juste remuer les cœurs ?

Invité Nicolas Sarkozy

[« Zapping » :

Direct 8, *Chacun son histoire « accros au sexe, accros au jeu, ils font tout pour s'en sortir »*. Un homme au visage flouté aborde une fille dans la rue.

— Je peux vous donner cent euros pour vous lécher les pieds...

— Non c'est gentil.

— Juste dix minutes. Je vous promets, je vous touche pas, je suis un gentil garçon.

— Non non c'est gentil. Merci.]

[Retour en plateau.]

MD : Nous sommes ensemble jusqu'à 21 heures avec Nicolas Sarkozy qui va passer tout à l'heure par «Le Petit Journal» de Yann Barthès. D'ici là on se retrouve dans quelques instants avec la météo.

NS : Vous n'avez pas invité notre ami l'accro au sexe, là, non ?

MD : Comment ?

NS : Non ? Non ? Je disais vous avez vu qu'il y avait un monsieur bizarre.

MD : Je le connais pas.

[Rires.]

AM : Oui ben ça... on se doute bien.

NS : Je le regrette pour vous parce qu'on a envie de le connaître.

[Rires.]

MD : Oui oui, ben écoutez...

NS : Un homme élégant.

MD : Oui.

NS : Je me suis dit : «Tiens c'est la nouvelle ligne éditoriale de Canal+.»

MD : Ah non, c'est pas chez nous.

NS : Je regrette de...

JMA : Non non.

AM : C'est pas chez nous. Ah non, attention.

MD : Non non.

JMA : C'est le «Zapping», hein.

AM : C'est le « Zapping ».

NS : Je me suis dit : « J'aurais dû revenir. Non ce monsieur est fantastique. »

MD : C'était sur une autre chaîne.

NS : Quel est son prénom ?

MD : Je ne sais pas. Non mais ça vient pas de chez nous du tout.

NS : Non mais, vous défendez pas ! Parce que franchement c'est exceptionnel. [...]

MD : C'est le reflet de la télé. C'est le reflet de la télé. Vous zappez de temps en temps ? Vous tombez sur des choses bizarres aussi...

NS : Ah c'est le reflet de la télé... Vous savez que dans la vraie vie, y a pas que ça !

MD : J'entends bien.

NS : Que là on fait de la publicité à tout ce qu'il y a de plus extrémiste. Parfois de plus épouvantable. Et que la vraie vie, c'est pas ça. La vraie vie, c'est des gens... qui travaillent, qui espèrent, qui racontent qu'y s'aiment, qui s'entendent, qui élèvent leurs enfants. C'est pas du tout ça.

MD : Non mais attendez...

AM : C'est le principe du « Zapping ».

NS : Oui oui je sais. Bon je suis quand même rassuré, je croiserai pas l'accro au sexe. Voilà.

AM : Non. Peu de chance.

NS : C'est pas un comédien ?

AM : Ah non. Non, non.

NS : Il est vrai ?

MD : On a découvert la séquence en même temps que vous.

JMA : On n'en sait rien.

MD : On n'en sait pas plus que vous sur le sujet.

NS : C'est pas possible. Je peux pas penser qu'un homme aussi informé que vous le connaissez pas. Expliquez-vous. Moi j'ai fait des affaires avec Depardieu, mais vous, vous connaissez l'accro au sexe.

MD : C'est limite, là.

NS : Quoi ?

MD : Non non, là c'est...

NS : C'était dit dans le journal, Jean-Michel Aphatie.

JMA : C'est toujours de l'humour ou pas ?

NS : Oui. Mais ça fait pas rire Jean-Michel Aphatie.

[Applaudissements.]

JMA : Si si. Si c'est de l'humour, oui.

NS : Mais bien sûr. Mais bien sûr.

Retour en plateau après la météo

[Applaudissements.]

NS : Non mais...

MD : Merci Solweig.

NS : [Il dévisage Solweig.] Je comprends pourquoi Michel Denisot s'accroche au « Grand Journal ».

[Rires.]

MD : Merci. Eh ben ça va. Merci, c'est ma fête.
S : C'est mignon.
NS : Non non c'est vrai. Il s'en est passé des choses depuis cinq ans.
MD : J'aime beaucoup faire ce... oui, j'aime faire ça et je suis réélu tous les matins.

[Applaudissements.]

NS : Oui, c'est vrai. Mais c'est bien. Et puis vous êtes très assortis.
MD : Et j'en suis à huit ans. Et je vais bientôt faire peut-être deux quinquennats. Merci, on va passer aux « Guignols ».

Dans les loges avec une journaliste de l'émission

— Non mais c'était quoi, tous ces sous-entendus, là ? L'accro au sexe, la Miss Météo, tout ça. C'était quoi, ce délire ?
— Aucune idée. L'ambiance est très tendue... T'as vu ? Comme on dit au rugby, tous les costards-

cravates sont de sortie. Les gros bonnets sont venus faire la haie d'honneur.

— Il est pas encore battu. Jamais vu autant de monde en coulisses.

— C'est la première fois que je te vois en coulisses, d'ailleurs. D'habitude tu restes au bureau.

— Je suis comme tout le monde, je suis venue voir la bête.

— T'es allée voir l'émission en régie, avec les patrons ?

— Oui, j'y étais. Sarko balançait des coups de cornes dans tous les sens, et y avait pas un bruit, on se serait cru... T'as vu le petit nouveau ? Il s'est pris un aller-retour quand il a dit à Sarko qu'il avait du mal à éduquer ses mômes. En coulisses tout le monde a fait Oooooh ! comme quand y a double faute en finale à Roland-Garros. Faut pas se rater, sinon c'est la sortie de route direct dans le mur. T'as la trouille ?

— Sincèrement ?

— Ouais. Tu entres dans l'arène dans cinq minutes. Tu as enfilé ton habit de lumière. T'as même mis une cravate !

— Quand même.

— T'as la trouille ?

— Évidemment, un petit peu. Mais quand tout le monde angoisse, moi ça me calme. Comme pour les examens. Et puis il me rappelle un oncle que j'aime bien, et qui est comme lui, toujours un peu en colère.

— Tu vas lui parler de quel livre ?

— D'un film.

— Un Louis de Funès ?

— Non. Ça risque d'être plus drôle.

— Plus drôle ? Risque pas trop quand même. Il est vachement remonté.

Invité Nicolas Sarkozy, seconde partie

OP : Alors cinéma ! Je me permets de vous interrompre parce que j'ai un cadeau visuel à vous faire.

NS : C'est peut-être la première bonne nouvelle de la soirée avec vous.

OP : Je l'espère.

NS : Le premier vrai cadeau ou c'est une blague ?

OP : Ce soir nous recevons le candidat, mais quelqu'un m'a dit que vous étiez proche du président, et on m'a dit que le président avait pleuré devant ce film. *Ordet*, de Carl Theodor Dreyer, c'est un film danois, je vais vous passer un petit extrait.

[Magnéto :

Un barbu au regard illuminé apparaît au sommet d'une montagne, et tend un index rageur en clamant en danois sous-titré : « Malheur à vous pour votre manque de foi, malheur à vous parce que vous ne croyez pas en moi !]

OP : *Malheur à vous parce que vous ne croyez pas en moi...*

NS : C'est détestable ce que vous venez de faire.

OP : Non non non, attendez, attendez, laissez-moi vous poser la question.

NS : Ah bon, pardon pardon.

OP : Je sais que vous êtes proche du président, qui est proche de l'homme, alors je ne vais pas vous demander à quel moment vous pleurez, mais qu'est-ce qui vous touche ?

NS : Je vais vous le dire.

OP : Dites-moi, alors.

NS : Parce que, en présentant cet extrait comme ça, vous éloignez les gens d'un des chefs-d'œuvre du cinéma mondial.

OP : Non non, on en parle, on le montre.

NS : Non mais Dreyer c'est un génie absolu. Il y a une scène qui est bouleversante parce que ça c'est le début du film. Et la fin du film est extraordinaire. C'est que, c'est une famille où il y a eu des problèmes de religion, peu importe. La mère est dans le cercueil, les enfants sont à côté. Et lui, c'est l'idiot, c'est l'idiot de Dostoïevski, c'est le simplet. Mais il a raison.

OP : C'est Jésus.

NS : C'est Jésus, exactement. Et la scène qui est bouleversante, je vous assure, vous pouvez vous moquer de moi mais ça m'est égal.

OP : Non, moi je... au même endroit.

NS : La scène qui est bouleversante, et qui est le

génie de Dreyer, c'est qu'on voit cette femme qui se lève du cercueil et ce n'est pas ridicule. Et peut-être que le génie c'est ça, c'est de donner une telle émotion par la musique, par la littérature, par le cinéma que tout d'un coup on y croit. Alors évidemment c'est du danois, c'est 1955...

OP : L'année de votre naissance.

NS : C'est Dreyer, mais je vous assure que la fin est absolument bouleversante. Parce que le fou, l'idiot, le simplet a raison. Et il dit une chose à la fin je crois, de mémoire : « Si les enfants le veulent, alors Dieu le voudra. » Et on voit cette femme qui se lève, bon ben je trouve ça bouleversant. Mais vous savez, c'est le cinéma dans sa quintessence. C'est noir et blanc, c'est simplement beau, c'est de l'émotion.

MD : Merci. Ce sera votre dernier mot, Nicolas Sarkozy.

NS : Non mais c'est dommage. Je peux dire une chose ? Dreyer a fait autre chose, il a fait notamment l'un des plus beaux films sur Jeanne d'Arc. Noir et blanc et muet, mais qui est bouleversant, et ça montre une chose, c'est qu'on n'a pas besoin des effets spéciaux pour pleurer.

Sortie de plateau avec Nicolas Sarkozy

— Merci. Vous au moins, quand on parle, on a l'impression que ça vous intéresse vraiment.

— C'est le cas.

— Vous n'avez pas idée à quel point le cinéma est important pour moi.

— Si, j'ai parfaitement idée. Pour moi aussi.

— C'était un plaisir de discuter avec vous. On aurait pu continuer toute la soirée. Dommage. La prochaine fois !

Au restaurant avec Jérémie

— Il y avait une tension incroyable. Tout le monde a passé la journée à flipper, à me dire bon courage. « Pourquoi bon courage ? — Parce que, tu vas affronter Sarko. — Je ne vais pas affronter Sarko. On n'affronte pas Sarko. Au contraire. On ne propose pas l'affrontement à un boxeur professionnel, sinon on s'en prend une. » Même les caméras flippaient. La caméra de la « Boîte à questions » est tombée en panne pendant qu'il y était. Personne n'osait lui dire d'arrêter de parler, que ça n'enregistrait pas.

— La caméra, carrément ?

— La première fois que ça arrivait. Un truc de champ magnétique, je pense. Quand il arrive, tout s'électrise.

— Le président 100 000 volts !

— Le niveau d'énergie était dingue. On aurait dit qu'il tirait tout derrière lui, qu'il traînait son entourage, comme quelqu'un qui tire la nappe et qui emporte tout ce qu'il y a sur la table.

— Ce qui est terrible, c'est que vous lui avez offert un boulevard. C'est tellement une émission de promo qu'il n'y a aucune place pour le moindre esprit critique. Il était chez lui, comme un poisson dans l'eau. Vous lui avez servi la soupe. Avec toi, il s'est régalé, il a pu parler de Dreyer pendant deux minutes.

— Tu as vu l'extrait que j'ai choisi ? C'était hyper ironique, le prophète qui menace : « Malheur à vous qui ne croyez pas en moi ! »

— Il l'a perçu. Il a fait comme si tu te moquais du film alors que le film se moquait de lui. Il ne pouvait pas attaquer le film, donc il t'a attaqué en défendant le film. Il est fort.

— Il a dit quand même un truc incroyable, c'est que ce qui le bouleverse dans ce film, c'est qu'à la fin, c'est l'idiot qui a raison.

— Le coup de « c'est Jésus », c'était trop beau. Incroyable. Une bête médiatique pareille qui tombe dans le panneau. On t'a fait des remarques, après ?

— Non. Personne n'a rien vu. On m'a dit comme toi, que je lui avais servi la soupe.

— Une soupe empoisonnée quand même.

— Personne ne s'en est aperçu. Même celui qui l'a bue.

— Le crime était si parfait qu'il n'y a pas eu de mort ! Et Hollande, tu lui as prévu quoi ?

— *Nous nous sommes tant aimés*. Serge Raffy, dans sa bio, dit que c'est son film préféré.

— Très beau film. Le mec qui à la fin de sa vie veut retrouver son amour de jeunesse perdu... Et tu vas faire ça ?

— Je me suis rencardé auprès de son attachée de presse, pour vérifier discrètement si c'était bien son film préféré. Elle a demandé à sa nana.

— Et ?

— Elle a dit complètement autre chose. *Baisers volés*, de Truffaut.

— Ah c'est pas le même message, c'est sûr. Tu vas choisir quoi ? Un vrai dilemme.

— Rien. L'émission vient d'être annulée à cause de la tuerie dans l'école juive de Toulouse. Hollande sera sur place.

— Et vous ne pouvez pas la faire un autre jour ?

— Non, parce qu'après le CSA exige l'égalité absolue des temps de parole, et si tu fais une spéciale Hollande de deux heures, il faudrait faire la même chose pour tous les candidats. Donc Hollande reviendra, mais dans un format d'émission normale, à égalité avec tous les autres.

— Normal, ça lui va bien, remarque. Comme ça il échappe à la comparaison avec Sarko. Et puis tant mieux pour toi, ça t'évite d'avoir à choisir entre les deux.

— Les deux quoi ?

— Les deux films.

Avril

Invités Nikos Aliagas, Louis Bertignac, Garou, Jenifer et Florent Pagny (équipe de l'émission « The Voice »)

MD : Donc le principe : vous entendez une voix et vous ne connaissez pas la personne, vous ne savez pas qui chante. [...]

NA : Après la *battle*, on arrive sur les *live*. [...] L'un d'eux est sauvé par le public, par les téléspectateurs, et l'autre va être départagé par chaque coach.

OP : Nikos, quand on vous entend parler, on a l'impression que vous êtes en train de bouleverser les méthodes de recrutement à Pôle Emploi : il y a l'anonymat du CV, on est de dos, il y a une espèce de solidarité, finalement c'est l'employeur qui doit se vendre. Vous êtes conscient de faire progresser la démocratie, comme ça, à TF1 ?

[Rires.]

NA : C'est une sorte de suffrage, certes universel parce que c'est le public qui vote, mais en même temps l'enjeu n'est pas le même. L'enjeu c'est d'abord de passer un bon moment avec les gens qui nous regardent le samedi...

MD : C'est très bon esprit. [...] Beaucoup d'émotion. C'est vrai qu'il y a une règle, c'est de pas humilier les candidats et de, bon...

NA : Faut dire quand ils arrivent là, ils savent chanter.

LB : Mais en plus ils sont bons, ils sont bons...

FP : Et en même temps, oui, voilà, il n'y a aucune raison de les humilier, ils sont tous super bons.

[...]

MD : Qui est le meilleur dans votre équipe ? Je ne vais pas vous le demander, c'est...

NA : C'est ça, la question.

LB : Ce n'est pas à moi de vous le dire.

FP : On peut pas savoir, hein.

MD : Comment ?

FP : On peut pas savoir encore.

MD : Ouais.

G : La bonne nouvelle c'est ça : on sait pas.

LB : Nous-mêmes dans nos équipes on sait pas, alors... On verra, on verra.

FP : Tout le monde te demande qui va gagner, tu fais : mais... tout le monde peut gagner, pour l'instant tout le monde peut gagner.

NA : Et en direct tout peut se passer.

LB : Nous on a... Moi j'ai que des coups de cœur pour les miens. Je peux pas dire, euh...

J : C'est très dur.

LB : On verra au fur et à mesure...

J : On a craqué sur ces gens-là, quoi.

NA : Ouais, t'as une bonne équipe.

LB : Moi je peux pas dire. Je sais pas.

OP : Ça va être dur de les virer, hein ?

LB : Ouais c'est ça, ça va être dur de les virer.

FP : Et en même temps tout le monde va être viré par contre.

MD : Voilà. Le 12 mai c'est fini. Voilà.

FP : Ben oui ! Il n'y en a qu'un seul qui va gagner. Tout le monde va...

AM : C'est affreux !

FP : Ça c'est le côté... On a compris un peu après. On s'est rendu compte : OK on donnait beaucoup d'espoir, on constituait une équipe. Mais après on passait notre temps à éliminer tout le monde. Même si on ne reste que sur le côté...

NA : ... avec le sourire.

FP : ... avec la bonne humeur, et de toute façon ça...

LB : ... Ça se passe pas bien juste pour celui qui va gagner. J'en connais qui sont déjà éliminés mais qui déjà ont deux fois plus de travail.

G : ... qui ont bien profité, ouais.

NA : ... et qui se sont fait remarquer, déjà.

LB : ... et qui se font remarquer, ouais.
OP : C'est vous !

[Rires.]

FP : C'est clair.

Bureau du rédacteur en chef

— Bon, Ollivier, tu vas être content. On a réfléchi, on va te donner une chronique quotidienne pendant deux semaines. Avant le premier tour, on va recevoir les dix candidats. Et, pour chacun d'eux, tu choisiras un mot pour résumer leur campagne. Ça s'appellera « En un mot ».

— Et je dirai juste un mot ?

— Noooon ! Tu auras au moins une minute trente. Et trente secondes pour faire réagir l'invité. Tu auras deux minutes. Une vraie chronique.

— Super.

— Et encore mieux, tu rentreras en cours d'émission juste pour ta chronique, comme ça tu seras plus percutant, et tu n'auras pas l'impression de rester en plateau pour rien. T'es content, non ? C'est ce que tu voulais ?

Au téléphone avec Jérémie

— Alors, tu leur as offert tes chocolats ?
— Hein ?
— L'autre fois, tu voulais leur offrir des chocolats. Pour voir.
— Ah oui.
— Et tu as vu ?
— J'ai vu quoi ?
— Ben je sais pas. Ça a donné quoi, les chocolats ?
— Ils les ont mangés.
— Et ?
— Et rien.
— Comment ça, rien ?
— Ils ont dit merci et puis... plus rien.
— Remarque, au moins ils te foutent la paix.
— C'est marrant, en fait. À chaque fois que tu crois vouloir quelque chose, dès qu'on te le donne...
— Je connais. Dès que tu as ce que tu croyais vouloir, ça s'inverse. Tu te demandes pourquoi on te l'a donné, à quel moment tu t'es fait avoir, et par qui.
— Là on est en avril, les mecs me filent enfin une chronique alors qu'ils ne m'adressent pas la parole depuis trois mois.
— C'est vrai que...
— En même temps ça leur permet de se débarrasser progressivement de moi en me faisant rentrer en fin d'émission.
— Et sinon, tu sais si tu vas à Cannes ?

Bureau du rédacteur en chef

— Pour Eva Joly, on se disait que tu pourrais choisir *emmerdes*.

— J'avais pensé à *Hulk*.

— Hulk ?

— Ben oui. Il est vert. Comme elle. Parce qu'il se met souvent en colère. Comme elle. C'est un super-héros, dont la mission est de sauver le monde. Comme elle. Et puis surtout, *hulk*, en norvégien, ça veut dire sanglot.

— Et alors ?

— Ben, elle est norvégienne. Hulk, c'est un mélange d'exigence et de vulnérabilité.

— Pas question. Trop compliqué.

— Trop compliqué ? Tout le monde connaît Hulk !

— Non. Pas question.

— Pourquoi ?

— Écoute, c'est simple, non c'est non, je te l'interdis. Trouve autre chose. Tu as un mot à me proposer pour Sarkozy ?

— *Méprisance*.

— Ah oui, le truc qu'il a dit à Nantes, là. Je sais pas...

— Attends, écoute : « Alors oui je veux apporter des réponses, oh, des réponses qu'on ne comprendra pas dans un certain nombre de cercles dirigeants, des réponses qu'on va regarder avec cette méprisance, cette attitude hautaine... »

— T'es sûr que tu veux partir là-dessus ? Parce que moi je pense qu'il l'a fait exprès. C'est de l'ancien français, Guaino a dû placer ça exprès.

— Je crois plutôt que c'est comme Ségolène Royal avec bravitude. Il s'est planté.

— J'ai des infos comme quoi il l'a fait exprès. C'est un mot qui existe en plus, non ?

— Non. Le mot, c'était « mesprisance », qui est devenu mépris. L'accent aigu sur le e, c'est la marque du s, « mes » est devenu « mé ». Donc tu ne peux pas avoir « mé » en ancien français. C'est soit « mes » et c'est ancien, soit « mé » et c'est moderne.

— Il l'a peut-être fait à moitié exprès.

— Je pense plutôt qu'un de ses conseillers s'est aperçu que le mot avait presque existé, et qu'ils tentent un but de raccro.

— Un quoi ?

— Une intox.

— En même temps, c'est facile de l'attaquer là-dessus.

— Pas tant que ça, puisque tu penses qu'il l'a fait exprès.

— OK. On verra ce que ça donne en répét'.

En coulisses avec Nicolas Sarkozy

— Suivez-moi dans ma loge. C'était bien de parler avec vous, la dernière fois. Suivez-moi, suivez-moi.

— Ça va ?

— Comment ça, ça va ?

— Ça va, vous n'en avez pas marre ?

— Marre de quoi ?

— La campagne a commencé il y a un an. Vous n'êtes pas lassé ?

— Ah. Non non. Tout se passe très bien, les meetings sont pleins.

— Alors pas d'inquiétude ?

— Non, aucune angoisse.

— Je n'ai pas dit angoisse, j'ai dit inquiétude. Ce n'est pas la même chose.

— Alors ça... ça c'est très intéressant. C'est le philosophe qui parle ?

— Un peu. Forcément.

— C'est exactement ça. L'angoisse, non, je la refuse. Mais l'inquiétude... Ceux qui veulent se débarrasser de l'inquiétude n'aiment pas vraiment la vie. Qu'en pensez-vous ?

— Vous prêchez un convaincu. C'est une distinction qu'avait faite mon professeur de khâgne à Louis-le-Grand, Hubert Grenier. Il disait l'angoisse est un étranglement, c'est la mort dans la vie. L'inquiétude c'est le mouvement même de la vie, la vie dans la vie. Mais je vois qu'on me réclame. Dommage qu'on n'ait pas le temps de parler de ça sur le plateau tout à l'heure.

— Ce n'est pas grave. Ce qui compte, c'est d'être d'accord hors du plateau.

— Bon, à tout à l'heure. Comme après vous avoir parlé, j'ai un peu d'inquiétude, ça veut dire que tout va bien se passer.

Dans le couloir des loges, avec le rédacteur en chef

— Qu'est-ce que tu foutais dans la loge de Sarko ?

— Il m'a invité.

— Je t'ai déjà dit et redit de ne pas parler aux invités avant l'émission !

— Et c'est pour ça que vous me faisiez des grands signes ?

— On voulait que tu sortes. Tu n'as pas à traîner avec Sarko. Et puis il fallait que je te parle de ta chronique.

— Le président de la République voulait discuter avec moi. Tu n'étais pas là. Excuse-moi, mais je n'avais rien de plus important à faire.

— On n'importune pas les invités.

— Je n'ai rien demandé. Il m'a invité dans sa loge.
— Il fallait refuser.
— Il fallait refuser ?
— Oui.
— Tu aurais refusé ?
— Moi c'est pas pareil.

Invité Nicolas Sarkozy

OP : J'ai choisi un mot que vous avez prononcé dans un discours à Nantes, « méprisance », et j'ai fait plusieurs hypothèses, beaucoup de monde a fait des hypothèses. La première : soit c'était une faute de français, parce que c'est un mot qui n'existe plus depuis le Moyen Âge. Bon ben ça arrive, ça arrive à tout le monde de faire des fautes de français, c'est peut-être ça. Soit c'est fait exprès. Alors à ce moment-là, ce n'est pas une faute de français, c'est autre chose, c'est peut-être une faute politique, parce que pourquoi le « candidat du peuple » choisirait-il un mot qui n'est plus dans le dictionnaire depuis six ou sept siècles ? Enfin, dernière hypothèse : un lapsus. Alors un lapsus révélateur, révélateur de quoi ? Là on fait de la psychanalyse un peu de comptoir mais c'est pas grave, on va essayer. C'est un mot-valise, dedans il y a « mépris » et il y a peut-être « suffisance ». Un mot-valise, il y a plusieurs mots dedans. Quel message essayerait de vous donner votre inconscient avec une valise ? Je sais pas... Valise, responsabilités, valises sous les yeux, fatigue...

NS : Merci !

OP : Besoin de vacances, voyage ?

NS : Merci ! On n'est pas déçu d'avoir été invité ici !

OP : C'est de la psychanalyse de comptoir, je vous l'avais dit.

MD : On dépasse le temps.

OP : Je vous rends la parole.

NS : Ah bon excusez-moi.

OP : ... puisque c'était une hypothèse sur ce que voulait vous dire votre inconscient. Et vous, si vous choisissiez un mot pour caractériser votre campagne, ce serait lequel ?

MD : Un mot !

NS : D'abord je ne me souvenais plus d'avoir employé ce mot, méprisance, mais qui existe, hein, mais que je ne m'en souviens plus...

OP : Qui n'existe pas.

NS : Qui existait.

OP : C'était *mesprisance* et c'était au XIVe siècle. Mais c'est pas grave, ça n'existe plus.

NS : C'était pour la campagne du XIVe siècle.

OP : Voilà.

NS : C'est vrai que ça me fait jamais que sept siècles de retard, je m'en excuse. Peut-être c'est dû au fait aussi que souvent dans les réunions j'essaye de parler le plus librement possible, parfois sans texte, et je peux peut-être fourcher sur un mot ou buter sur un mot. Mais du mépris je n'en ai pas. Et de la suffisance, franchement ça m'est étranger.

MD : Il reste vingt secondes et la question d'Ollivier c'était : quel est le mot qui pour vous symbolise votre campagne ?

NS : ... Sérénité.

MD : Très bien.

OP : Pas d'inquiétude ?

NS : Sérénité, parce qu'on a... Sur l'inconscient et le subconscient, ça ne peut pas se traiter en un mot. Je serais heureux d'en discuter avec vous.

Au téléphone avec David

— Et vous en avez discuté ?

— Non.

— C'est marrant comme il est doux avec toi. Tu l'allumes pas mal, quand même. Et il te laisse parler. Il dit qu'il veut discuter avec toi. Il est très malin.

— Je crois plutôt qu'il me considère un peu comme un psy. Juste à la fin de l'émission, il m'a dit en se marrant que j'avais vraiment l'air de vouloir l'allonger sur un divan. Un psy, ça a le droit de te bousculer.

— Tu as choisi quoi comme mot pour la campagne de Dupont-Aignan ?

— « Franc ». Il dit tout le temps « Franchement », « Je vais être très franc avec vous »...

— Et il veut le retour au franc.

— Voilà. Tu te souviens de mon prof de philo à Louis-le-Grand, Hubert Grenier ?

— Évidemment. Celui qui fumait en classe.

— Il avait une formule géniale : « La franchise, c'est dire tout ce qu'on pense. La sincérité c'est penser tout ce qu'on dit. »

— Tu vas lui dire ça ?

— Oui.

— Tu vas citer Grenier ?

— Oui. Ils adorent quand je fais des citations.

— Franchement...

— Ils se sont tellement foutus de sa gueule la dernière fois qu'il est venu, ça faisait mal pour lui.

— Je me souviens, ils l'avaient mis en noir et blanc à la fin de l'émission, en promettant le retour au noir et blanc si le retour au franc avait lieu. Qui prépare ces blagues ?

— Il était furax. Humilié.

— C'est étonnant qu'il revienne.

— Ils reviennent tous. Même Cheminade, qui s'est fait traiter de « prototype du candidat inutile ». Il ne va pas cracher sur du temps de parole avec une pareille audience.

— Il va peut-être cracher sur autre chose.

— Ça m'étonnerait. Y a que Mélenchon qui a refusé de venir. Pour l'instant.

— C'est en direct ?

— C'est en direct.

Invité Nicolas Dupont-Aignan

NDA : Tous ces éditorialistes de bazar, qui vivent ensemble, qui font toujours les mêmes articles, et qui sont totalement coupés des réalités...

MD : On va y venir, on va y venir aux éditorialistes.

NDA : ... qui gagnent un argent fou et qui croient connaître les Français. Ils connaissent plus rien des Français... On va s'en débarrasser un jour.

MD : Enchaînez, Ariane. On va y venir, attendez on va y venir, on va y venir.

AM : Vous vous mélenchonisez.

NDA : Mais je ne me mélenchonise pas.

AM : Si, un petit peu.

NDA : Mais madame...

JMA : Si si si si si. Non, elle a raison. « On va s'en débarrasser », c'est...

NDA : Venez avec moi un jour sur le terrain. Venez voir les Français. Allez voir les Français qui vivent, qui souffrent.

MD : Non mais on ne vit pas dans la lune, hein.

NDA : Mais on ne vit pas dans le même monde, mais oui monsieur Denisot.

MD : Mais si monsieur.

NDA : Non !

MD : Vous ne savez pas où je vis.

NDA : Eh bien donnez-nous votre salaire. Combien vous gagnez ?

MD : Mais c'est moi qui me paye.

NDA : Combien vous gagnez ?

MD : Ça ne vous regarde pas.

NDA : Hein, ça me regarde pas ? Dites-le aux Français ! Combien vous gagnez ?

MD : Vous, vous êtes payé par...

NDA : Vous n'oserez pas le dire !

MD : C'est moi qui vous paye avec mes impôts, monsieur.

JMA : Quelle agressivité.

NDA : Et les Français, ils ne contribuent pas à votre richesse ?

JMA : Quelle agressivité.

MD : Je ne veux pas polémiquer avec vous.

NDA : Vous ne pouvez pas dire droit dans les yeux combien vous gagnez aux Français. Parce que c'est une somme tellement extravagante qu'à force de jouer les bons Samaritains ici...

MD : Je ne joue pas les bons Samaritains.

NDA : Non. Dites combien vous gagnez. Aux Français.

MD : Non je ne le dirai pas.

NDA : Eh bien voyez.

MD : C'est moi qui me paye.

NDA : Ça veut dire que tous ces gens qui s'en mettent plein les poches...

MD : Mais je ne m'en mets pas plein les poches.

NDA : ... qui donnent des leçons à la terre entière...

MD : Mais je n'ai pas de leçons à recevoir de vous.

JMA : Plein les poches ? !

NDA : ... et qui ne veulent pas voir la souffrance des Français. C'est facile.

JMA : Plein les poches ? !

NDA : Oui, plein les poches.

JMA : Mais traitez-nous de voleurs !

NDA : Donnez votre salaire, un jour.

JMA : Traitez-nous de voleurs tant que vous y êtes !

NDA : Donnez vos salaires.

JMA : Traitez-nous de voleurs tant que vous y êtes !

NDA : Donnez vos salaires un jour.

AM : Doucement, doucement !

NDA : Je ne vous traite pas de voleurs, mais...

JMA : Plein les poches ! Qu'est-ce que ça veut dire plein les poches ?

NDA : Osez dire votre salaire.

JMA : Qu'est-ce que ça veut dire ?

NDA : Osez dire votre salaire, monsieur Aphatie.

JMA : Qu'est-ce que ça veut dire ?

NDA : Osez le dire.

JMA : Mais moi vous savez, monsieur, je le mérite, mon salaire !

NDA : Mais peut-être, alors dites-le-nous.

JMA : ... comme vous.

NDA : Eh bien dites-le si vous le méritez.

JMA : Eh bien, je ne vous le dirai pas.

NDA : Eh bien voyez !

JMA : Vous n'êtes pas un inquisiteur !

NDA : Voyez. Vous n'êtes pas capable de donner votre salaire.

JMA : Votre comportement n'est pas digne de la politique.

NDA : Ah ? Pas digne ?

JMA : Non. Vous n'avez qu'à faire une loi pour obliger les gens...

NDA : Vous êtes une personnalité médiatique.

JMA : ... pour obliger les gens à dire leur salaire.

NDA : Vous prenez de l'argent, beaucoup d'argent. Et vous ne pouvez pas dire votre salaire.

JMA : C'est du populisme.

NDA : Ah c'est du populisme ?

JMA : C'est du populisme. Intégral.

NDA : Si vous saviez comment vivent les Français...

JMA : Intégral !

NDA : ... vous ne penseriez pas pareil.

JMA : Wowowo !

NDA : Si vous sortiez un peu de votre petit milieu...

JMA : Pffffu ! Ridicule !

NDA : ... vous ne penseriez pas pareil !

JMA : Votre agressivité vous discrédite complètement.

NDA : Ce n'est pas une agressivité.

JMA : Mais si !

NDA : C'est qu'il y en a assez d'avoir des leçons...

JMA : Allez, allez !

NDA : ... de gens qui ne savent pas comment vivent les Français à la fin du mois.

JMA : Des leçons ?

NDA : Des leçons permanentes !

MD : On va arrêter.

[Une sirène assourdissante retentit. C'est « l'alerte CSA ».]

MD : Hop ! Voilà l'alerte !

JMA : C'est vous qui donnez des leçons !

NDA : Maintenant je dis qu'il y en a assez !

MD : On arrête ! Trop tard...

Au restaurant avec David

— C'était quoi, cette sirène ?

— Ils ont appelé ça l'alerte CSA. Ils l'envoient soi-disant quand le candidat a terminé son temps de parole.

— Ah ouais, c'est violent quand même. Ils sont vraiment à la seconde près ?

— Non. Mais pour une fois qu'on ne peut pas leur reprocher d'interrompre un invité, ils vont pas se gêner. D'habitude, c'est un problème insoluble. Comment faire taire celui qu'on a invité tout en lui faisant croire qu'on l'a invité pour parler ? Là, au moins, c'est franc et massif, parce que c'est la loi. C'est par souci d'équité.

— On aurait dit plutôt une alerte de bombardement. Ambiance fin du monde. Avec un gyrophare rouge.

— Terrorisant !

— Ils sont dingues. En même temps, comme il attaquait à l'arme lourde, ils ont répondu en sortant l'artillerie. Tous aux abris ! L'échange était génial. C'est con. Pour une fois qu'il se passe quelque chose, tu n'étais pas sur le plateau !

— Non. Ils me font entrer à la fin, pour le mot de la campagne. J'étais en régie.

— Et alors ?

— Alors l'ambiance était électrique. Tu sentais que tout le monde était partagé.

— Partagé comment ?

— D'un côté l'excitation de l'affrontement direct. Parce que c'est la première fois que quelqu'un, un candidat à la Présidentielle quand même, pose cette question les yeux dans les yeux. Et de l'autre, le réflexe immunitaire de défense de l'émission.

— L'esprit d'équipe ?

— Oui et non, justement. Tu sentais que chacun était renvoyé au débat interne qu'il mène avec lui-même, à ses compromis intimes. La question de l'argent n'est pas anodine.

— Et toi ?

— Moi pareil. D'après toi, pourquoi je reste ?

— C'était un moment de vérité.

— Et un retour de bâton. Quand il est venu, au mois de janvier, ils se sont tellement foutus de sa gueule qu'il a dû préparer son attaque commando en bonne et due forme.

— Tu crois que c'était préparé ?

— Tu ne peux pas te laisser humilier devant deux millions de personnes et revenir sans y avoir pensé. C'est naturel.

— Et toi, tu y penses ?

— Le paradoxe, c'est que le peu d'estime et le peu d'usage que l'émission fait de moi me protège. Au moment de l'attaque sur les salaires, je n'étais pas là.

— Tu aurais su quoi répondre ?

— Sincèrement, je ne vois pas ce que j'aurais pu répondre.

— Tu étais soulagé de ne pas y être, alors.

— Exactement.

— En même temps, Dupont-Aignan, c'est vrai qu'il fait du populisme, il a l'air très proche de Marine le Pen.

— Ça ne suffit pas à disqualifier tout ce qu'il dit, ni à écarter la gêne.

— Il est un peu dingue quand même, non ?

— J'en sais rien, ils sont tous un peu dingues. Mais si un fou dit en plein jour qu'il fait jour, il fait quand même jour, non ?

— Et il est quand même fou. Après l'émission, ils ont réagi comment ?

— Ils étaient fous. On se serait cru un peu au début de *Karaté Kid.* S'ils avaient pu le coincer dans une rue sombre, ils lui auraient pété la gueule.

— Tous ?

— Non, pas tous. Ceux qui ont le sang chaud.

— Ah ouais. Ambiance cour de récré.

— Cette fois, je suis pas sûr qu'il revienne.

— Et toi ? Tu sais si tu vas à Cannes ?

— Ils ne m'ont rien dit.

— Ça sent mauvais. Ils vont te la faire à l'envers. En même temps...

— En même temps quoi ?

— Tout ce que tu risques, c'est d'être de plus en plus soulagé. Tu pourras reprendre tes conférences, monter ton école, faire ce qui te tient à cœur. Ça ne te manque pas, l'enseignement ?

Au bureau, préparation de l'émission

— Il est chiant, Bayrou, il veut jamais rien faire.

— Et puis, il fait jamais court. On dirait vraiment un prof.

— Mais c'est un prof.

— Comme Arthaud.

— Qu'est-ce qu'il y a comme profs dans cette campagne. Ils sont chiants, les profs. Qu'est-ce qu'on va pouvoir lui faire faire ?

— Tu veux dire pour le rendre moins chiant ?

— Il va encore nous plomber l'émission.

— La dernière fois déjà il a refusé d'entrer dans la « Boîte à questions ». Il a dit qu'il ne faisait plus ce qui le gonflait.

— En même temps, il continue à venir dans l'émission.

— Il a besoin de nous.

— L'autre jour il voulait changer la date de son émission parce qu'il était *en déplacement*. Non mais pour qui il se prend ?

— Ben il est en campagne quand même.

— La campagne, tu peux le dire. S'il trouve plus important de faire un meeting bouseux en province, il faut qu'il change de métier.

— Et puis il s'habille comme un prof de sciences nat'.

— Ça s'habille comment, un prof de sciences nat' ?

— Ben comme lui.

— Pourquoi on l'invite encore, alors ?

— Ben quand même. Bayrou.

— Si ça se trouve, vous vous foutez tous de sa gueule, mais c'est lui qui a raison.

— Alors, là. Si c'est ça, vaut mieux avoir tort comme nous que raison comme lui.

Invité François Bayrou

MD : Ollivier, le mot de la campagne ?

OP : Prophète.

MD : Prophète ?

OP : [...] le prophète croit surtout aux prophéties qui le concernent lui. Il y a un dieu de gauche qui s'appelle Mitterrand...

MD : Ah bon ?

OP : ... qui vous aurait prédit votre destin, destin présidentiel auquel effectivement vous croyez, mais le problème, c'est qu'une prophétie, on ne sait jamais quand ça se réalise. [...]

FB : Mais moi j'aime bien le mot prophète. Il y a un très beau poème de... On peut citer... ici ?...

[La sirène de l'« alerte CSA » retentit.]

FB : *Va dire à ma chérie là-bas tout là-bas près de cet obscur marais de foulques dans la lande que j'irai vers elle ce soir, qu'elle attende, qu'au lever de la lune elle entendra mon pas. Présente-moi comme un prophète, comme un prince, comme le fils d'un roi d'au-delà de la mer.*

MD : Voilà, la poésie ne compte pas dans les temps de parole.

OP : C'est de qui ? Je veux savoir !

FB : Patrice de La Tour du Pin.

MD : Non non, on arrive à la fin, on arrive à la fin...

FB : Pardon d'avoir ajouté...

MD : Non non mais...

JMA : La culture est exclue du temps de parole.

FB : ... le petit moment de poésie.

MD : Merci de l'avoir fait.

Mai

Répétition, le lendemain du débat de l'entre-deux-tours de l'élection présidentielle

— Non mais qu'est-ce qui lui a pris, Hollande, avec son «Moi, président de la République» ? Combien de fois il l'a dit ? Quinze ? Vingt fois ?

— Y avait un côté «Moi Tarzan».

— Moi j'ai trouvé ça marrant. Et bien trouvé. Tu crois qu'il l'avait préparé ?

Il dit que non, mais c'est sûr que oui.

— C'est bizarre, Sarko le laissait continuer, il ne l'a pas coupé.

— Il avait l'air surpris.

— C'est la plus vieille figure de style des orateurs. L'anaphore.

— Hein ?

— Tu commences toutes tes phrases par les mêmes mots. Ça donne un point d'appui, qui permet d'improviser tranquillement derrière. Comme en jazz.

— Tu vas nous refaire André Manoukian ?

— Je comprends pas pourquoi il se taisait, Sarko. On aurait dit un mauvais élève qui laisse parler le prof.

— Ben voilà, encore un prof.

Ils sont partout !

— Qu'est-ce que vous avez contre les profs ?

— Moi rien. C'est eux qui en avaient après moi.

— Il était prof à Sciences-Po, Hollande, c'est ça ?

Oui. Comme Moscovici.

— Il m'a fait de la peine, Sarko, avec sa petite tête de cancre.

— C'est un bon résumé. Y en a un qui fait le prof, et l'autre qui a des réflexes de cour de récré.

— C'était pas *La Guerre des boutons* non plus.

— Quand même, sur DSK...

On a l'extrait, on va le passer. Il balbutiait un peu, Hollande.

— Tu trouves ?

Oui, quand même.

— Tout le monde savait, c'est sûr.

— C'était un bon test. Un bon président de la République, ce n'est pas quelqu'un qui dit la vérité. C'est quelqu'un qui te fait comprendre qu'il ne peut pas tout te dire.

— Faut savoir mentir, quoi.

— Pas mentir. C'est plus subtil.

— Il faut dire sans dire.

— Voilà.

— Tu veux dire que Sarko n'est pas assez menteur ?

À tout le monde : il vient d'arriver.

— Je n'ai pas dit ça.

— Tu veux dire qu'il ment moins bien ?

— Ne me faites pas dire ce que je n'ai pas dit.

Bonne réponse, bravo ! Un vrai président de la République !

— Au risque de vous décevoir, je ne suis pas candidat...

Invité Nicolas Sarkozy

[Magnéto : débat de l'entre-deux-tours entre François Hollande et Nicolas Sarkozy :

FH : Vous pensez que je connaissais sa vie privée ? Comment voulez-vous que je la connaisse ? Vous aviez des informations ? Moi je n'en avais pas.

NS : Ponce Pilate !]

[Retour en plateau :]

MD : Quel est votre but, là ?

NS : Ben, de montrer un homme qui n'assume pas ses amitiés, ses connaissances. Enfin, il a été onze ans premier secrétaire du Parti socialiste...

AM : Mais pourquoi Ponce Pilate ?

NS : ... et il vient expliquer qu'il connaissait pas M. Strauss-Kahn.

JMA : La *vie privée* de M. Strauss-Kahn.

NS : Enfin la vie privée de... Monsieur Aphatie, vous êtes un professionnel, hein ?

JMA : Vous la connaissiez, vous ?

NS : Non mais vous avez lu le livre de Tristane Banon, monsieur Aphatie ? Ou vous ne l'avez pas lu ?

JMA : C'est pas la question.

NS : Vous avez, vous avez...

JMA : C'est pas la question.

NS : Pardon. C'est ma réponse. Qu'est-ce qu'elle dit Tristane Banon dans son livre ? Vous l'avez lu ou pas ?

JMA : Vous la connaissiez, vous, la vie privée de...

NS : Est-ce que vous l'avez lu ?

JMA : Oui.

NS : Bon. Qu'est-ce qu'elle dit ?

JMA : Vous la connaissiez, vous, la vie privée de Dominique Strauss-Kahn ?

NS : Qu'est-ce qu'elle dit ? François Hollande était au courant de tout. C'est elle qui le dit, c'est pas moi.

OP : Monsieur Sarkozy, pourquoi Ponce Pilate ? C'est qui, qui a été crucifié ? C'est DSK ?

NS : Pourquoi ? Personne...

OP : Ben, Ponce Pilate...

NS : C'est parce que...

OP : Pourquoi lui ?

NS : Parce que j'avais ce livre magnifique, qui est un très beau livre de Tristane Banon. Je rappelle que Tristane Banon c'est une jeune fille, socialiste...

OP : C'est elle qui parle de Ponce Pilate ?

NS : Non. Oh non elle, elle... Mais vous l'avez pas lu, vous non plus ?

OP : Non.

NS : Elle raconte... C'est un métier, vous savez, de savoir tous les livres qui sortent.

Non ! Ollivier ! Il ne fallait pas dire ça !

OP : Je peux pas tout lire.

NS : C'est un beau livre. Sa mère est...

Il fallait dire que tu l'avais lu ! On l'a reçue, Tristane Banon !

NS : ... conseiller général socialiste. C'est assez difficile pour le chef d'une famille politique depuis onze ans de venir expliquer à près de vingt millions de Français qu'on n'était pas au courant. Personne ne le croit.

Au téléphone avec Jérémie

— Pourquoi tu as dit que tu ne l'avais pas lu ?

— Parce que je ne l'avais pas lu.

— Mais vous l'avez reçue !

— Tu ne vas pas t'y mettre toi aussi. Je sais qu'on l'a reçue, mais pas pour ça. C'était un mois avant la sortie de son livre. J'ai vérifié. Elle est venue le

19 septembre, pour réagir au passage de DSK au « 20 heures » de TF1, la veille. Et son livre est sorti le 13 octobre.

— C'est pas grave. Il fallait dire que tu l'avais lu. C'est tous des enfumeurs. C'est toujours celui qui dit la vérité qui se retrouve en défaut. Du coup il t'a fait la leçon : « C'est un métier, vous savez, blablabla. » Tu as remarqué ? C'est intéressant, il n'a pas dit qu'il fallait lire, mais qu'il fallait « savoir » tous les livres qui sortent. Je suis sûr qu'ils t'ont tous fait la leçon, après.

— Ils se sont fait plaisir. Tu te rends compte qu'ils en sont à me reprocher de ne pas avoir lu un livre qui n'était pas sorti ?

— Comment tu étais sûr qu'elle n'était pas venue pour son livre ?

— Je lis tous les livres des invités. Donc si je n'avais pas lu celui-là, c'est qu'elle n'était pas venue pour ça.

— CQFD. Et maintenant ?

— Maintenant, comme je sais que je n'aurai pas la parole, je ne lis plus que les livres qui m'intéressent. Et ceux écrits par des amis. Ça en fait déjà pas mal, je connais tous les nègres de la place de Paris. Je sais toujours qui a écrit le livre de l'invité.

En coulisses avec le producteur, juste avant l'émission avec François Hollande

— Hier avec Sarko tu n'aurais pas dû citer Régis Debray.

— J'ai cité le débat entre Debray et Guaino qui a eu lieu chez Taddéi, dans « Ce soir ou jamais ». J'ai cité une émission de télé. Tu l'as pas vue ?

— Si, bien sûr.

— C'était génial, le plus beau débat de la campagne, non ? Debray qui dit à Guaino : Le problème quand on fait de la politique aujourd'hui, c'est comment transformer une population en peuple, c'est comment on prend un tas pour en faire un tout, comment on passe juste des chiffres et des dossiers à quelque chose de l'ordre de l'inspiration collective. Je lui ai juste dit ça, à Sarko, c'est que dans son débat il y avait beaucoup de chiffres, et pas beaucoup de lettres, pas beaucoup de vision.

— Mais pourquoi citer Debray ? C'est super excluant.

— Tu sais bien. Parce que Guaino a fait citer Debray par Sarko dans un discours. Il a cité *Éloge de la frontière*. Donc si je lui posais une question qui venait de Debray, il ne pouvait pas l'écarter facilement.

— Si. Du coup il t'a traité d'intello, d'élite, tout ça.

— Le président de la République me traite d'élite ? C'est mes parents qui vont être fiers.

— Tu lui as tendu la perche.

— C'est ma faute si intellectuel est une insulte dans la bouche du président de la République ?

— ... Oui !

— C'est ma faute ? Tu dis ça sérieusement ?

— C'est ta responsabilité.

— Tu es en train de dire que moi, simple chroniqueur, je suis responsable de ce qui sort de la bouche du président de la République française ? Mais tu me prêtes une influence extraordinaire.

— Arrête, tu vois ce que je veux dire.

— Non je ne vois pas, justement. Quand il cite Debray dans un discours, lui il a le droit. Mais si moi je cite Debray, je suis un intello. Mais si on n'a plus le droit de parler de politique avec le président de la République, avec qui on va le faire ?

— Ce n'est pas le lieu.

— Juste une question : pourquoi tout ça tu ne me le dis pas avant ?

Répétition

— Comment on va faire si Hollande est élu ?

— Parle pas de malheur.

— On va se barrer en Suisse.

— Ou en Belgique.

— On va se faire chier surtout.

— Tu te feras pas plus chier qu'en Suisse ou en Belgique.

— Moi j'ai annulé un déjeuner chez Léon de Bruxelles.

— Hein ?

— Chez Léon de Bruxelles. J'ai annulé un déjeuner.

— J'ai pas compris. C'est une blague ?

— C'est une blague.

— J'ai pas compris.

— Léon. Bruxelles.

— Ah d'accord...

— En parlant de cuisine... Au maquillage, l'autre jour, il y avait Martine Aubry. Et Norbert arrive, tu sais le candidat de l'émission de cuisine, là, Master Chef ou Top Chef, je sais plus. Il lui fait : « C'est vraiment super cette émission, c'est super de pouvoir rencontrer des personnalités comme vous. Dans la "Boîte à questions", là, on m'a demandé : "si vous étiez un ingrédient, vous seriez quoi comme ingrédient ? J'ai dit la fécule de pomme de terre". » Martine Aubry, un peu vexée : « Ah bon ? » Norbert : « Ben oui, parce que c'est ce qu'on utilise pour lier les sauces. » Et elle lui fait : « Moi je mets de la maïzena. »

— C'est quoi ton pronostic ?

— Pour Master Chef ?

— Non, pour l'élection.

— Si Sarko continue sa campagne d'extrême droite, ça peut faire 60-40 pour Hollande.

— Tant que ça ?

— Tout est possible.
— Parle pas de malheur.

Attention, il vient d'arriver, taisez-vous.

— On nous entend dans les coulisses ?

On vous entend. Il y a un retour sur les écrans dans les coulisses.

— Ah merde.
— Toi, tu vas te prendre un contrôle fiscal dès le mois de juin.
— C'est ta copine, Valérie, non ?
— Collègue.
— Elle t'envoie des textos quand tu tapes sur son homme ?
— Je ne tape jamais sur personne. Je fais mon métier.
— Non mais il est vachement sympa, moi je l'aime beaucoup. Et il est très drôle.
— Ça, c'est sûr.

Invité François Hollande

OP : François Hollande, si vous êtes élu, est-ce que dans cinq ans les promesses que vous faites aujourd'hui, vous serez prêt à les regarder en face et à affronter un bilan ?

FH : Moi président de la République, je reviendrai autant qu'il sera nécessaire dans les émissions où je suis passé.

OP : Vous savez ce qu'on dit...

FH : Je ne ferai pas d'émissions spéciales. Vous savez, des émissions où on convoque des journalistes, par ailleurs estimables, dans les lieux du pouvoir. Non. Moi président de la République, je viendrai à vos invitations.

OP : Je voudrais juste vous rappeler...

FH : Et vous me rappellerez à mes engagements.

[...]

OP : François Hollande, vous savez ce qu'on dit. La gauche n'est pas faite pour gouverner, et le pouvoir corrompt... Vous comptez rester de gauche combien de temps ?

FH : Au moins cinq ans, si je suis élu. C'est le mandat qui me sera confié. La gauche sait gouverner, elle l'a montré dans le passé, avec François Mitterrand, avec Lionel Jospin. Elle sait bien gouverner. Après, il y a la morale. Parce qu'il est légitime qu'on demande plus à la gauche qu'à la droite. Parce que la gauche, elle porte des exigences.

Place de la Bastille, élection de François Hollande, 6 mai 2012

— Dis donc André...

— Putain, y a du monde.

— On a perdu Atiq.

— Quel bordel !

— Tu joues à quelle heure ?

— Je sais pas. Bientôt. T'es venu avec ton fils ?

— Quand il a su que tu jouais, il voulait absolument venir. Y a quoi, au moins cinquante mille personnes ?

— Aucune idée. C'est vachement émouvant. Ça me rappelle l'élection de Mitterrand.

— Le 10 mai 81 ? T'y étais ?

— Non. Et toi ?

— Ben non. J'habitais pas à Paris. J'avais neuf ans. Je me souviens juste que c'est la première fois que j'ai vu des vers luisants dans le jardin.

— Putain ! Des vers luisants de gauche ! Ils ont sorti les lampions.

— J'ai longtemps cru que c'était un signe. Mais non, c'est juste que c'était la première fois qu'on rentrait si tard à la maison. D'habitude, on était au lit.

— Et ton fils ? Il a cinq ans, c'est ça ?

— Ben tu vois, quand il sera grand, il se souviendra du 6 mai 2012 comme d'un moment historique. Le concert d'André Manoukian place de la Bastille. T'as vu, chéri ? Tout le monde qui est venu pour écouter André ?

— Voilà. Je serai son ver luisant.

— À quelle heure il arrive, Hollande ?

— Je sais pas. Tard.

— Tu vas le faire chanter ? Comment tu disais

dans *Le Monde*, pour sa voix, là, avec son petit staccato ?

— C'est un mélange de Kung Fu Panda et de James Brown.

— Ce qui est bien avec tes blagues, c'est qu'on ne peut pas savoir si tu déconnes ou pas. Tu as une manière de le soutenir, on a l'impression que tu es déjà dans l'opposition.

— Toi c'est pas mieux. À chaque fois qu'il est venu dans votre émission, tu l'as vachement titillé.

— Pas plus que les autres. J'ai essayé de ne céder ni à mes sympathies, ni à mes antipathies. Et puis de mordre un peu les mollets des puissants, sympas ou pas sympas.

— T'es quand même content, non? Sinon tu serais pas là ce soir.

— Tu sais ce que disait Alain : le citoyen doit toujours être contre les pouvoirs. La démocratie, c'est la vigilance des mauvaises têtes. « Notre ennemi, c'est notre maître. »

— Tu restes pas pour le saluer ?

— Allez, nous on rentre. Y a école demain.

Au téléphone avec Jérémie

— Seuls dans un taxi tous les deux, et tu n'es pas arrivé à lui parler ?

— Non. Il est vachement secret. C'est difficile à expliquer. C'est comme ça.

— Mais vous ne vous êtes rien dit ?

— Si. Il m'a parlé de Cannes à la grande époque, quand c'était formidable, tout ça. Ils avaient fait une blague à Coluche, ils avaient mis des putes dans le placard de sa chambre au Martinez. Il s'est pointé avec elles à poil sur son balcon, il faisait coucou aux gens dans la rue. Il est resté au moins une heure comme ça. Il arrêtait pas de dire qu'à l'époque on se marrait vraiment. Juste avant qu'on arrive au bureau, il me fait : « J'ai compté, en mettant bout à bout tous mes festivals de Cannes, cette année je vais fêter mon premier anniversaire au Martinez ! »

— Tu vois James Bond ? James Bond, c'est un costard. L'acteur, tu peux le changer. Mais le costard, tu peux pas.

— Je comprends pas.

— Tu n'as jamais remarqué qu'ils produisent l'émission comme un James Bond ? Ils font même péter l'hélicoptère pour aller chercher les stars à l'Éden Roc, au cap d'Antibes.

— Ils l'ont proposé à Hollande le soir du second tour, pour faire Tulle-Paris plus vite et l'avoir en exclu.

— Il a accepté ?

— Non. Ça le faisait sourire.

— C'est pour ça que vous sautez tous au ralenti dans le générique. Dans les films d'action, quand ça explose, quand un mec se fait dégommer, c'est toujours au ralenti.

— Tu veux dire que dès le générique, on est foutus ?

— Pas foutus. Suspendus. Aux audiences. Et au bon vouloir de 007, qui vous tient dans sa ligne de mire, comme au ball-trap. *Pull!* Dans l'Aston Martin de James, les sièges passagers sont tous éjectables. Chaque année James change d'accessoires... Miss Météo ou Mister Philo, à la fin, vous êtes tous des James Bond girls.

— Au service secret de Sa Majesté !

— Vous ne faites que passer. Le costard, lui, est là pour toujours. C'est ça, le seul secret.

Cannes, invitée Nicole Kidman

MD : ... du personnage qui est joué par Nicole Kidman, qui est une blonde incendiaire qui est amoureuse d'un détenu, et qui en même temps est assez libre dans sa vie.

AM : Ah très libre ! Très très libre !

MD : Très très libre. Carrément, ouais, très très libre. Vous êtes très très... c'est un personnage... on ne vous a jamais vue comme ça au cinéma.

AM : Ah non jamais !

NK : Enlevez-moi cette photo !

MD : Il y a une scène, c'est vrai qu'il y a une

scène qui est proche de *Basic Instinct*, on va sûrement en parler ici beaucoup demain après la projection... Ça va pas jusque-là...

PB* : Non non c'est pas *Basic Instinct*, il faut pas confondre, c'est Lee Daniels, c'est pas le même genre !

MD : Non ce n'est pas le même genre, mais c'est vrai que Nicole Kidman, on a une image de vous qui est assez différente de ce qu'on voit dans le film. Vous êtes allée beaucoup plus loin...

PB : Quand elle a signé...

MD : Laissez-la répondre !... Pardon.

NK : Vous savez... moi je suis une actrice.

Cinémathèque de Nice avec John Truby, *script doctor*

— John, en vous écoutant, je me disais que l'univers dans lequel j'évolue relève de la « ville opprimée » ou « oppressante », où le héros n'affronte pas quelqu'un en particulier, mais un système.

— Héros, ou plutôt anti-héros. Il est tellement écrasé par le système qu'il ne peut pas faire grand-chose. C'est un héros seulement dans sa tête. Comme dans *Brazil*.

* Un membre de l'équipe du film *Paperboy*.

— Je me disais qu'il fallait aborder ça comme une comédie.

— Oui. Une comédie noire. Une satire. Le risque, quand un personnage affronte un système, c'est de le victimiser. Il y a aussi une difficulté qui tient à sa nature réactive. Car il n'a pas de désir qui lui soit propre, à part réagir et résister au système. Et un personnage purement réactif n'est pas intéressant.

— C'est intéressant s'il passe de réactif à actif.

— Exactement. Si c'est l'histoire de sa libération. L'ironie de la chose est que, pour se libérer, il va devoir se comporter de manière de plus en plus immorale. Plus il devient actif, plus il devient immoral. C'est plutôt amusant, non ?

— Vous parliez de *Chinatown*, avec Jack Nicholson.

— C'est un système. La corruption sur laquelle repose Los Angeles est révélée peu à peu. Mais il y a une difficulté supplémentaire, liée au genre. C'est un film de détective, une *detective story*. Et donc, l'adversaire reste caché jusqu'à la fin du film.

— C'est un des problèmes de l'univers que j'aimerais décrire. Tout est caché. Vous disiez qu'une histoire n'était intéressante qu'à proportion que l'adversaire est puissant et fascinant. Mais s'il est caché ?

— Le plaisir consiste également à ignorer qui il est. On subit sa puissance sans pouvoir l'identifier. C'est tout le mystère. On ne sait pas qui est le méchant, mais on sait qu'il est méchant. C'est pour faire un livre ou un film ?

— Un livre. Mais la difficulté est que, d'une certaine manière, il n'y a rien à raconter. Tout est tellement informe, inepte. Ça ne ressemble pas à une histoire, la dramaturgie est pauvre. C'est juste qu'on entend de ces choses...

— Il faut absolument voir *Network.* Sidney Lumet. 1976. Le film était très inhabituel dans sa forme. De gros blocs de dialogues. Et il a eu quatre Oscars.

— Rien que des dialogues, Philip Roth a fait ça dans *Tromperie*, un livre sur l'adultère. Rien que des dialogues, et on ne sait pas qui parle.

— Très adapté au sujet. Le secret est préservé. Ce qui compte, dans un système, ce n'est pas qui parle, c'est ce qui est dit.

Cannes, soirée de la chaîne, avec un ex-chroniqueur

— Moi, quand il m'a viré, il me l'a même pas dit. C'était les vacances de Noël, il m'a dit « Bonnes vacances, on se voit à la rentrée ». Le lendemain, son numéro 2 m'appelle pour me dire que je suis viré. J'avais fait trois mois. J'ai fait comme si j'étai pas au courant. Pour voir. Pour déconner La veille de la rentrée, je lui envoie un texto : « J'ai bossé toutes les vacances, tu vas voir j'ai des trucs géniaux, on va commencer l'année en fanfare ! »

— Non ! Il t'a répondu quoi ?

— Il m'a répondu : « Ah bon ? »

— Ah bon ?

— Le lendemain je suis allé au bureau, l'air de rien. Il était gêné. J'ai commencé à lui parler de toutes mes idées géniales, et à un moment il m'a interrompu pour me demander si personne ne m'avait rien dit.

— T'as dit quoi ?

— J'ai fait le con. J'ai dit « Ben non ». Tu aurais vu sa gueule. Je me suis bien marré. Hier on se croise sur la Croisette, il m'emmène boire un verre avec la mèche, là. Il me propose de faire la rentrée avec eux. Je ne l'ai jamais vu comme ça, aux abois. Perdu.

— Et tu vas accepter ?

— J'ai besoin de fric. Je les connais, personne n'est dupe. J'ai parlé de toi. Pour voir leurs gueules.

— Et ?

— Eh ben j'ai vu. La même gueule que quand je m'étais pointé au bureau en faisant comme si je ne savais rien. En partant je lui ai dit que j'espérais que cette fois, s'il me virait, il m'enverrait au moins un texto. Et sinon, ça se passe bien avec le Climatiseur ?

— Avec qui ?

— Le Climatiseur ! Tu n'as pas remarqué ? Dès

qu'il entre dans une pièce, il y a toujours quelqu'un qui demande : c'est moi ou il fait froid ici ?

— Tu me conseilles quoi ? Toi qui les pratiques depuis longtemps, on peut parler à qui ? Lui, là-bas ?

— Non, lui c'est rien. Toujours de l'avis du mec au-dessus. Un invertébré.

— Lui ?

— Lui c'est une pute. Évite.

— Lui ?

— Pas mal. Sympa. De l'humour. Aucun pouvoir. Peut-être un jour.

— Et lui ?

— Lui tu peux y aller. Intelligent. Un peu con, mais intelligent, et puis surtout il est incapable de mentir. Un mec normal, en fait. Attends, regarde la meuf, là. Bonsoir mademoiselle.

— Bonsoir.

— À mon avis, vous n'allez pas rester longtemps à la compta.

— Elle est bonne.

— Super bonne.

— Je parlais de la blague.

— Moi aussi.

— Toi tu as un avantage sur moi. Tu es drôle.

— C'est un inconvénient. Quand tu es drôle, on attend que tu le sois à chaque fois. Tu ne peux que décevoir. Toi, tu n'es pas drôle. On attend que tu sois intelligent. Au pire tu le seras trop. Si tu te fais virer, ce ne sera pas parce que tu as été mauvais, mais que l'intelligence on n'en a rien à foutre.

— Comment tu fais pour supporter tout ça ?

— On est tous des putes, mon pote. Toi comme moi. Comme eux. Comme tous. Ton problème, c'est que tu es naïf. Tu es comme une pute qui prend le fric mais qui aimerait en plus avoir du plaisir. Si tu avais du plaisir, ce ne serait plus du travail. Tu ne serais plus une pute. Tu pourrais redevenir un invité.

— Un invité ?

— Tu as commencé dans l'émission comme invité, pour ton livre. C'est le principe de l'émission : casting permanent. Tout invité est susceptible de devenir chroniqueur.

— C'est vrai. Villepin est tellement bon à chaque fois qu'un moment ils ont pensé lui proposer. Mais ils disaient ça en déconnant. Je les ai entendus.

— Tu les a entendus déconner ? Ils ne déconnent jamais. Plus sérieux qu'eux, tu meurs. Bref. Tu as commencé l'émission comme invité. Ils t'ont repéré. Ils t'ont pris comme chroniqueur. Quand ton tour de manège sera terminé, tu pourras recommencer à écrire des livres, peut-être à faire des films, et ils pourront à nouveau t'inviter. La roue tourne, mec. La roue des putes. Putain, regarde-la, elle. Bonsoir mademoiselle. Vous êtes journaliste, non ?

— Oui.

— Je vous ai vue l'autre soir dans l'émission. Super, votre intervention.

— C'était le plus beau jour de ma vie.

— Vous avez vraiment dit ça ?

— Oui. C'était merveilleux.

— Elle est parfaite... Tu vois, elle, elle attend que de se faire baiser. Elle va y avoir droit. Elle est venue pour ça. Va comprendre. Jolie, intelligente, cultivée. Tu lui mets trois paillettes dans la gueule, et elle devient aussi conne que n'importe quelle cagole du Gotha... Très jolie votre minijupe. Très mimi. Très mini.

— C'est une microjupe.

— Tu entends ça ? Une microjupe ? J'adore les micros, je veux parler dedans.

De retour à Paris, avec David

— Alors c'était comment, Cannes ?

— Étrange. J'y étais, sans y être.

— Comment ça ?

— J'étais à Cannes. Mais pas sur le plateau.

— Et tu faisais quoi, alors ?

— Ce que je voulais. De toute façon, du moment que je ne suis pas en plateau, ils s'en foutent. Ils étaient presque devenus sympas. Ils sont en train de recruter mon remplaçant, ça les met de bonne humeur.

— Comment tu sais qu'ils ne te reprennent pas à la rentrée ? Ils te l'ont dit ?

— Personne ne dit rien. Mais tout le monde le sait.

— Mais qui t'a viré ?

— Personne. Je l'ai appris en le lisant sur Internet. En même temps, j'avais appris mon recrutement en lisant *Libé*.

— C'est une surprise ?

— Ça fait combien de temps que tu ne regardes plus l'émission ? Je ne suis jamais dans le cadre dans les plans d'ensemble, et si j'arrive à en placer une, je ne suis pas à l'image, on reste en gros plan sur l'invité. Je suis l'homme invisible. La voix off de l'émission.

— C'est hyper cinématographique. Presque poétique.

— On peut voir ça comme ça.

— Mais tu n'es sûr de rien, si on ne t'a rien dit.

— Si. J'ai fait le test de la chaise vide.

— C'est quoi ?

— Je ne mets plus les pieds au bureau depuis trois semaines.

— Et ?

— Et personne ne m'a rien dit.

— Clairement, tu n'es pas un enjeu.

— À Cannes, ils ont préféré me payer à ne pas être sur le plateau que me faire bosser.

— Ils t'ont quand même payé ! ?

— Ils sont obligés.

— Attends. Ils t'ont payé ! ?

— J'ai un contrat.

— J'y crois pas !

— Moi non plus. Un soir, l'organisateur du Festival m'a demandé comment se passait l'émission sur la Croisette. Comme personne n'a le temps de regarder l'émission à Cannes, même lui ne savait pas que je n'étais pas sur le plateau. Ubiquité absolue.

— Génial ! C'est le boulot idéal. Tu te fais payer pour aller à Cannes mais à l'unique condition de ne rien foutre, et en plus tout le monde croit que tu bosses.

— C'est l'emploi fictif le mieux payé de France.

— Un peu vexant sur le coup, peut-être. Mais si tu y penses sérieusement deux secondes...

— Quand j'ai dit oui, je me suis dit que le seul moment incroyable de l'année, ce serait Cannes.

— Finalement, c'était encore plus incroyable que prévu !

Juin

Au bar à côté des studios, avec un technicien

— Je voulais juste te prévenir, avant que tu l'apprennes de manière désagréable. Ils ne te reprennent pas à la rentrée.

— C'est sympa de ta part, mais je suis déjà au courant.

— Crois-moi, ils vont bien soigner ta sortie. Tes dernières semaines vont être idylliques. Ils sont même capables de te filer une chronique.

— Quand même pas.

— Tu vas voir. Ils n'insultent jamais l'avenir. Ils vont tout faire pour que tu partes content.

— Tu crois vraiment qu'ils pensent à ça ?

— Ils savent quand même que tu es écrivain.

— Tu sais ce que m'a dit mon fils ? Dès la première semaine : « Papa, qu'est-ce que tu fais dans la télé ? Je croyais que tu étais écrivain. »

— Il a quel âge, ton fils ?

— Cinq ans.

— Et ça t'a fait quoi, alors, d'avoir été pendant un an... Comment ils t'appellent, déjà ? « L'intello de service » ?

— Ben, t'as vu, ils s'en sont pas beaucoup servis.

— T'as qu'à passer une petite annonce : « Intello de service. Très peu servi. »

— Bonne idée.

— Mais rappelle-toi d'un truc. C'est toi qui as fait les mêmes études que Sartre, pas eux !

— T'es gentil. C'est vrai, parfois j'y pense. Comme un soldat qui débarque sur une plage ennemie, et qui de temps en temps touche ses organes pour vérifier qu'il est toujours vivant.

— Tu touches tes diplômes pour vérifier que tu n'es pas devenu con ?

— Sur ce plateau, chaque soir je te jure, je me demande...

— En tout cas je voulais te dire. Laisse pas tomber la télé. On va te dire que t'étais pas fait pour. C'est vrai et c'est pas vrai. C'est ça qui est bien, justement. Vaut mieux pas être fait pour.

Dans le bureau d'un des patrons de la chaîne

— D'abord, merci de me recevoir.

— Écoute, Ollivier, pour toi...

— Je ne suis pas venu te parler de mon cas. Tu es le premier à accepter de me parler. Alors que tout le monde se tait. Je trouve ça élégant et courageux de ta part. Évidemment personne ne sait rien.

— Les assiettes tournent, on ne sait pas. Personne ne dit rien, parce qu'on ne sait pas encore.

— Écoute, vous savez bien un peu. Pourquoi ne pas se dire franchement les choses ? À chacun son métier. Moi c'est les bouquins, la philo, le cinéma. Vous c'est la télé. C'est pas un drame de reconnaître ses différences.

— Mais c'est bien d'être différent. On a besoin de gens différents, qui ne viennent pas de la télé. En même temps on n'a pas le temps de les former. Donc ça prend ou ça prend pas. On a besoin de fraîcheur, mais d'une fraîcheur qui cadre avec l'émission, qui rentre dans les cases. Il faut être différent, mais pas trop. C'est quand même de la télé.

— Tu me parles comme un chef de rayon.

— Oui, c'est vrai. Mais du rayon frais. C'est comme une salade. Si les ingrédients ne vont pas ensemble, ça ne veut pas dire que les ingrédients ne sont pas bons. Mais il y a des ingrédients qu'on peut changer, d'autres pas. Dans la salade, il y aura toujours la salade. Après, le vinaigre, la moutarde, tout ça... Ne le prends pas mal, ma métaphore n'est peut-être pas heureuse, je ne dis pas que tu es un condiment. Mais bon, voilà. On peut prendre ça au sérieux, et on souffre. Ou prendre ça comme un jeu. Voilà, il faut prendre ça comme un jeu. Enfin, moi j'essaye. Je ne suis pas encore assez brutal, je viens d'arriver. J'ai un peu de mal à m'y faire. Mais c'est comme ça. À la fin, c'est toujours la salade qui gagne.

Au restaurant avec André

— Alors finalement, tu prends quoi ?

— C'est simple la vie. Pendant un temps, tu laisses faire. Et puis soudain, un cri : « Non, je ne peux pas ! »

— Moi je vais prendre la roquette.

— Moi les spaghettis aux fruits de mer. Y a du poulpe ?

— Y en a.

— Et j'ai passé le reste de l'année comme Sisyphe, en minuscule, à remonter chaque jour sur ce plateau en me demandant comment je m'étais retrouvé là, le mystère de mon acceptation.

— Pas de salade ?

— Pas de salade. Si j'étais là, c'est que j'étais indigne d'être ailleurs. Tu sais, comme dans la fable « Adieu veau, vache, cochon »... Adieu Giacometti, Bukowski, René Char, adieu Albert Camus, Blaise Cendrars, Jacques Prévert, tous mes amis imaginaires. La réalité, c'était mon appétit d'un monde facile. Un idéal de pourceau.

— Tiens, ils ont un rouge sarde. Vachement bien. Goûte.

— Merci. Et pétrifié par cette prise de conscience, j'ai rempli mon devoir de présence-absence, comme une mise à l'épreuve dans une initiation mystique.

— Comme une méditation métaphysique.

— Mais le malin génie existe, je l'ai rencontré.

— Et pourquoi tu es resté aussi longtemps ?

— Parce que j'ai pactisé.

— Pas vraiment.

— Si. Juste assez pour prendre l'argent. J'ai compris que pour prendre l'argent, il fallait me taire. C'était le prix de mon silence, car si j'avais parlé, ce que j'aurais eu à dire était le contraire exact de ce qu'ils attendaient. Au début, quand ma tante me regardait, en me voyant avec des fringues neuves et bien repassées tous les jours, elle n'en revenait pas. Et comme je ne disais pas un mot, elle croyait que j'étais juste là pour les vêtements.

— Mannequin de télé-achat ! Putain, mortel !

— Tous les soirs, elle allumait sa télé, et elle regardait son neveu dans le « Grand Pressing ».

— Et pourquoi tu n'as rien dit ? C'était en direct, tu aurais pu...

— Quand il y a trop d'argent en jeu, tu sais comme c'est, on ne peut plus rien dire. On se contente d'émettre des signes. Et même des signes de signes. On ne veut pas de l'intelligence, on veut les signes de l'intelligence. Presque ses stigmates. Proust parle bien de ça. Comme quand tu ris à une blague que tu n'as pas comprise, ou que tu ne trouves pas drôle, parce que tout le monde rit. Le rire est un signe que s'adressent les rieurs, indépendamment de la blague.

— Quand tout le monde fait comme si c'était drôle, ça le devient ?

— Pas vraiment. C'est plutôt que ça n'a même pas besoin de l'être. Ce qui compte, c'est les signes.

— C'est ça, au fond, une émission d'humeur.

— Voilà. Si tout le monde fait semblant d'être de bonne humeur, le contrat est rempli.

— Là tu as l'air plutôt de mauvaise humeur... Dégoûté, même.

— Oui. Il y a ça aussi dans l'équation. Le dégoût de soi. Le dégoût de s'intéresser un peu trop à ce que des inconnus pensent de ce qu'ils prennent pour toi. Ce décollement de soi, guetter ce qu'on dit de toi sur Twitter en tremblant, ça te rend vain et craintif, ou au contraire faussement indifférent, arrogant et vulnérable. Tu te sens de plus en plus dégueulasse. Ne déplaire à personne, faire de la drague de masse. Toujours essayer de faire son intéressant. C'est ça qui est dégoûtant. Devoir faire semblant d'être intéressant. Devoir se battre pour prendre la parole alors que la parole ne se prend pas, elle se partage. Salir ça, c'est innommable.

— C'est marrant, tu sais chez les francs-maçons, la première année, il faut se taire. Ça fait partie de l'initiation.

— Putain, tu as raison. En fait, j'ai été initié par des francs-maçons, mais personne ne m'a prévenu !

— T'es con. Tu t'attendais à autre chose ?

— Non, je ne peux pas dire que je suis surpris. J'ai juste touché une limite. Ça m'a fait honte. Et c'est la honte surtout qui m'a paralysé.

— La honte ?

— Ben oui, tu sais, le truc de Primo Levi, repris par Deleuze : la honte d'être un homme. Tu as honte, mais tu ne peux rien dire. Je sais que tu connais bien la télé, mais tu sais aussi qu'il y a télé et télé. Ça fait presque un an que je suis là à essayer de comprendre comment ça marche. La première description exacte de ce que je ressens, je l'ai trouvée dans *Si c'est un homme*, de Primo Levi.

— Tu ne peux pas comparer la télé et la Shoah. Rien que l'idée, enfin c'est...

— Oui, c'est scandaleux. Mais si tu lis le texte en remplaçant la mort réelle par une mort symbolique...

— Oui, si tu prends le camp d'extermination et que tu remplaces « extermination » par « gros salaire »...

— C'est exactement ça. L'extermination par le salaire.

— Tu veux être le Primo Levi de la télé ! Vous avez aimé *Si c'est un homme* ? Lisez la suite : *Si c'est un animateur*. Non, c'est trop... Tu es sérieux ? La télé n'est quand même pas un crime contre l'humanité. Ou alors on est tous des bourreaux.

— Je n'ai jamais été aussi sérieux. Je sais, c'est une idée qui a l'air ridicule. Et même, honteuse. Mais tu te souviens de ce que Deleuze explique en parlant de Primo Levi dans son *Abécédaire*.

— Je me souviens. « R comme Résistance. »

— Il disait la honte d'être un homme, ça touche aussi aux petites choses, ça concerne aussi le minuscule.

— C'est ce que tu ressens ?

— Tous les jours. Toute la journée.

— C'est vrai que ça se voit. Sur le plateau, tu as l'air... embarrassé. Tu es le scrupule silencieux de l'émission.

— Ça doit être ça. Je suis délégué à la honte d'être un homme. C'est pour ça que mon silence est si bien payé. Pas besoin de parler. La honte, c'est avant tout du *body language*.

— Ah ouais, le *body language* !

— Finalement, ce salaire que je trouvais excessif... c'était comme le *pretium doloris*, dans un accident de voiture, quand tu perds quelque chose, une main, une jambe, ta femme. C'est prévu par les assurances et les tribunaux. On paye le prix de ta douleur. Et plus tu as dû renoncer à quelque chose d'important, plus c'est cher.

— Comme dans *Le Salaire de la peur*.

— Voilà. Ici c'est un peu différent. C'est le salaire de la honte d'être un homme.

— Il y a juste un petit problème.

— Quoi ?

— Ce salaire, il augmente encore la honte, non ?

— Où est le problème ? C'est pour ça que plus tu restes, plus on te paye. Plus tu perds, plus tu gagnes. C'est logique.

— Putain...

— Tu connais cette histoire que raconte Primo Levi. Dans le camp où il était prisonnier, il y avait une espèce de dégénéré, un nain attardé mental doué d'une force surhumaine – Quasimodo, en méchant, ou plutôt en idiot. Je ne sais plus comment il s'appelait, il faut que je vérifie.

— J'y crois pas. Tu te promènes avec *Si c'est un homme* dans la poche...

— Tu écoutes bien Jankélévitch sur l'autoroute. Voilà, j'ai retrouvé la page. Il s'appelait... Élias. Bref. Hors du camp, Élias ne serait qu'un inadapté, une sorte d'animal dépendant et vulnérable, au mieux un idiot du village qui ne pourrait survivre que par la bonté de son entourage. Mais dans le camp, il était étrangement suradapté. Les lois de la vie étaient tellement inversées que ce qui était une tare hors du camp devenait un avantage à l'intérieur. Il se sentait comme un poisson dans l'eau dans l'univers concentrationnaire. Et Primo Levi conclut, attends je te le lis... Écoute ça : « Tout cela pourrait nous conduire à dégager des conclusions et même des règles valables pour notre vie de tous les jours. N'existe-t-il pas autour de nous des Élias plus ou moins réalisés ? N'en avons-nous pas vu de nos yeux vu, de ces individus qui vivent sans but aucun, réfractaires à toute forme de conscience et de contrôle de soi ? et qui vivent non certes *malgré* ces déficiences, mais précisément, comme Élias, grâce à elles ? La question est grave, et nous n'entendons pas nous y engager ici, parce que notre recit se limite volontairement à la vie du Lager, et que sur l'homme hors du Lager on a déjà beaucoup écrit. Cependant nous voudrions ajouter un dernier mot : Élias, autant que nous puissions en juger du dehors, et si tant est que ces mots aient un sens, Élias était vraisemblablement un homme heureux. »

Bar d'hôtel avec un producteur télé

— D'un côté tu as des gens qui savent produire. De l'autre tu as des gens qui savent penser. Les problèmes commencent quand on mélange les deux. Apparemment, ça se ressemble. Mais produire une pensée, ce n'est pas comme produire de la télé. Ça n'a même rien à voir. La pensée ressemble à un ciel d'orage, il faut accepter la confusion, le désordre, le danger de l'improvisation, le risque de ne pas trouver. Il faut du temps, une certaine lenteur, qui produit des éclairs de manière sporadique, imprévisible. Un ralentissement du monde qui permet, de temps en temps, la vitesse absolue de la pensée.

— Un éclair, puis la nuit.

— Voilà. Dans l'autre sens. La nuit, puis un éclair. Alors qu'en télé, on est tout le temps dans la clarté, en pleine lumière. Pas le temps pour le risque. Juste des bulles préfabriquées. De temps en temps un éclair. Mais c'est un accident. Invisible, parce que sur fond de lumière. Pas de place pour la nuit, pas de temps pour l'obscurité. Tout est prévu. C'est ça, produire, en télé. C'est empêcher l'accident. Mais si tu empêches l'accident, tu empêches la pensée.

— C'est aussi simple que ça ?

— Tu trouves ça simple ? C'est vrai que la règle est simple. Si tu veux rester, ne dis jamais ce que tu penses. Quand quelqu'un dit ce qu'il pense, ça provoque un silence gêné. Tout le monde regarde ses chaussures. C'est un milieu vérité-fuge. Tu sais ce que disait Nietzsche ? On peut juger de la qualité d'un esprit à la quantité de vérité qu'il est capable de supporter.

— Et ?

— Là c'est l'inverse. On juge de la qualité d'un individu à la quantité de mensonge qu'il est capable de supporter. Penser le moins possible, parler le moins possible, tout ce que tu dis peut être retenu contre toi. N'aie confiance en personne. Personne. Même moi. Je déconne. Enfin, pas vraiment.

Dans la rue avec le rédacteur en chef, sous la pluie

— Attends, Ollivier, il faut absolument qu'on parle. Tu m'accompagnes au bureau ? Il faut que je pisse.

— Tu peux pas pisser au bar ? Tu m'as déjà fait

rater une année, je voudrais pas aussi rater France-Ukraine.

— Non mais il faut que je passe aussi prendre mon portefeuille.

— Si c'est pour me payer un dernier café, je peux te l'offrir.

— Non mais viens, écoute, ce serait bien qu'on se parle.

— Ça fait six mois que tu ne m'adresses pas la parole. Ni toi ni ton adjoint. Deux semaines de chronique en un an d'antenne. Je n'ai jamais gagné autant d'argent à rien foutre, tout en rêvant de travailler. Si tu peux m'éclairer sur ce mystère, je t'écoute.

— Je sais. C'est comme dans un couple. Quand ça ne marche pas, il n'y a rien à faire.

— Oui enfin, on n'était pas un couple. Personne ne te demandait de m'aimer, juste de me faire travailler. C'est toi qui m'as recruté, en plus. Enfin, c'est l'impression que ça donnait. La question, c'est : pourquoi ?

— Ce n'est pas aussi simple. Non mais c'est vrai qu'on vient de deux mondes très différents. Toi, tu es un sachant.

— Un quoi ? C'est quoi ça, un *sachant* ?

— Quelqu'un... comme toi. Quelqu'un qui sait.

— Alors j'aimerais savoir une chose de plus. Juste par curiosité, pour l'anecdote, maintenant qu'il n'y a plus aucun enjeu... À quel moment tu as renoncé à moi ?

— Franchement ?... Je crois que c'est la fois de l'émission juste avant Noël. Là j'ai vu que tu étais fragile.

— Quand je t'ai dit que tu me cassais les couilles ?

— Voilà.

— Tu penses que c'est parce qu'elles étaient fragiles ?

Au café de Flore, avec le producteur

— Et tu lui as vraiment dit tout ça comme ça ?

— Comment tu veux que je le dise ?

— Comment il l'a pris ?

— Comment tu veux qu'il le prenne ? C'est juste la vérité. C'est ton rédac' chef. Qui ne m'a pas adressé la parole pendant six mois. Tout à coup il a envie de me parler. Si je ne t'avais pas envoyé un texto il y a deux jours en te demandant tes projets pour la rentrée, alors que ça fait un mois que mon sort est fixé sur Internet, ça aurait duré encore combien de temps ce petit jeu ?

— Je sais. On aurait dû te parler plus tôt. Je suis désolé, c'est une rencontre qui n'a pas eu lieu... Il y a beaucoup de positif pour toi, quand même.

— Ben oui. Grâce à vous, j'aurai été pendant un an le téléspectateur le mieux payé de France. Ça fait une belle carte de visite.

— C'est vrai qu'il y a eu un renoncement de notre côté. Cette émission, j'en parlais l'autre jour, c'est vraiment « Marche ou crève ! ».

— Tu en parles comme si ce n'était pas la tienne.

— Tu vois ce que je veux dire.

— Non, c'est dommage. Tu vois, je suis un *apprenant*. Et malgré tout ce que tu sais, tu resteras dans ma courte existence comme celui qui ne m'a délibérément rien appris.

— Écoute, Ollivier, soyons pragmatiques, moi je suis quelqu'un de pragmatique. À partir de lundi, tu as ta chronique.

— Tu plaisantes. On est le 15 juin, ça finit le 13 juillet. Tout est déjà plié pour la rentrée, je ne te demande rien.

— Non non, en télé il n'est jamais trop tard. Un mois de quotidienne, c'est comme six mois d'hebdo. Comme ça tu ne finis pas sur une note amère, et tu montres ce que tu peux faire.

— Tu veux dire ce que *j'aurais pu* faire ?

— Pourquoi tu es toujours négatif? Ça te dit ou pas ?

— Tu veux quoi exactement ?

— Trois recommandations de livres par semaine, plus deux sujets de société. Tu vois *Le Parisien*, ils sont super forts, ils créent l'actualité, ils inventent un sujet et après tout le monde le reprend, nous y compris.

— On est samedi 16 heures. Tu es sûr que cette idée survivra au week-end ?

— Sûr et certain, c'est mon émission quand même. J'appelle tout de suite le rédac' chef pour le prévenir, et envoie-moi un mail avec tes propositions de sujets. Non, pas de mail. Pas besoin. On se parle, c'est mieux.

Lundi matin, message au rédacteur en chef

— Allô, c'est Ollivier. Je voulais d'abord te dire que j'étais content d'avoir discuté avec vous deux, et d'avoir l'occasion de finir en beauté. Dis-moi si tu souhaites que je vienne plus tôt au bureau aujourd'hui pour qu'on mette au point ensemble ma chronique de ce soir, et les suivantes. J'ai plein de choses à te proposer, je suis vraiment très heureux, comme quoi il suffit de se parler pour que tout aille mieux, il n'est jamais trop tard. Je me réjouis vraiment.

Lundi matin, message du rédacteur en chef

— Allô, Ollivier, c'est moi. Oui, je suis désolé, encore un malentendu, décidément, pour une entreprise de communication... Voilà, c'est délicat de changer l'émission si tard dans l'année, on n'a pas été prévenus assez tôt, tout le monde est fatigué, on est en fin de saison, on ne va pas tout changer maintenant. Je te propose qu'on fasse simple : à partir du 1er juillet, pour les deux dernières semaines, tu recommanderas un livre par jour. Ce sera l'été, les vacances, le format sera plus léger, on aura plus de temps. Ça nous laisse deux semaines pour préparer. Pas la peine que tu viennes plus tôt au bureau. On se parle tout à l'heure.

Le lendemain soir, sortie de plateau avec le producteur

— Alors, Ollivier, c'est bon, tu l'as eue ta chronique ?

— Tu ne regardes pas ton émission ?

— Non ! Quoi ? ! Me dis pas qu'ils nous ont niqué notre chronique ?

— *Notre* chronique ? Arrête, s'il te plaît. Pas toi, pas à moi. Pas comme ça.

— Je suis dégoûté, tu n'as pas eu ta chronique !

— Si, je l'aie eue. Enfin, dans deux semaines. Pour les deux dernières semaines. Quand tout le monde sera parti en vacances. Un livre par jour pendant dix jours.

— Ben c'est génial ! Tu vois, on a fini par l'avoir notre chronique ! Pourquoi tu ris ?

— Tu sais pourquoi.

— Ben non. Pourquoi ?

— Parce que. Tu es drôle.

Entendu entre deux portes

— Il arrive, il me fait : « Tu vois, je te l'avais déjà dit au début de l'année. Ton problème, c'est que pour une Miss Météo tu n'es pas assez *girl next door.* »

— Il trouvait ça très bien, à l'époque, non ?

— Je lui ai dit ! Je lui dis : « Pas du tout, tu m'avais dit le contraire, que c'était nouveau, que c'était formidable, tout ça, on va faire de toi une star. »

— Et alors ?

— Et alors : « Non non, tu m'as mal compris. Ce que veulent les gens, c'est une *girl next door.* Toi ton problème c'est que tu es trop star, justement. Tu es trop loin des gens. Les gens veulent avoir l'impression qu'ils pourraient boire une bière avec toi et faire des blagues bite couilles. Une bonne copine. La voisine idéale, quoi. Elle ne doit pas être belle, elle doit être bonne. Les mecs doivent penser que dans les bonnes circonstances, sur un malentendu, ils ont une chance de se la faire. Et les filles, avec le bon *make-up*, les bonnes fringues, et la bonne coiffure, une chance de prendre sa place. La Miss Météo, c'est comme Picasso, tout le monde pense qu'il pourrait faire pareil. En tout cas, c'est ce qu'il faut que tout le monde croie. Si elle n'est pas assez *next door*, les filles la détestent de ne pas pouvoir lui ressembler, les mecs la détestent de ne pas pouvoir la baiser. Tout le monde y perd. Elle finit bouc émissaire sur les réseaux sociaux. Enfin, je te l'ai déjà dit tout ça. Ce n'est pas ta faute, tu es comme tu es. On n'y peut rien. Une star est une star. »

— Et donc ils te virent parce que tu es une star ?

— C'est ce que je lui ai dit !

— Et ?

— Il me dit : « Mais pas du tout ! Au contraire, on en a tous parlé, on est tous d'accord, tu es géniale, on va te proposer un truc super pour l'année prochaine, tu vas voir. Un truc vraiment à ta dimension. On va te donner ton émission. Bon faut que j'y aille, je te rappelle. »

— Il t'a vraiment dit ça ?

— C'est abuser, non ? Me faire croire à moi qu'il va me rappeler. Il me prend vraiment pour une conne.

— Il t'a fait le coup de la *door next girl*.

— La ?

— La prochaine fille à la porte.

Invitée Patti Smith

OP : Patti Smith, on peut preciser peut-être que vous avez commencé comme poète, vous n'avez pas du tout commencé comme chanteuse, et vous êtes devenue chanteuse à force de réciter des poèmes en public. Comment ça s'est passé ?

PS : J'écris effectivement des poèmes depuis longtemps, depuis que je suis petite, mais j'en suis arrivée à un moment où lorsque je récitais ces poèmes, j'y mettais trop d'énergie physique, ce n'était pas assez pour moi de juste les lire [...] Et puis ça a évolué. Je suis une enfant du rock. Finalement le rock'n'roll était notre voix, notre voix culturelle, qui correspondait parfaitement à mon énergie. La poésie correspondait à mon énergie mentale, mais le rock à mon énergie physique.

[...]

MD : Vous rendez hommage à de fortes personnalités artistiques, comme Amy Winehouse, comme Maria Schneider.

PS : [...] C'est ce que je fais. C'est exactement ce que les êtres humains font. La mémoire des personnes qui disparaissent vit en nous, et je pense qu'il est important de les garder vivantes, de leur permettre de nous accompagner aujourd'hui encore sur terre. Nous ne devons pas les laisser derrière nous.

[...]

OP : Vous êtes considérée comme une icône du punk et en même temps vous dites que ce que vous avez fait de plus punk dans votre vie c'est de faire la cuisine pour vos enfants, pour votre mari. Vous pouvez nous expliquer votre conception du punk ?

PS : Mon concept du punk, eh bien ça a toujours été la liberté, tout simplement la liberté, je n'ai aucune autre définition de ce qu'est le punk. C'est un mot, un terme, c'est une expression abstraite, et tous ces termes au fond ne signifient absolument rien. Ce qui est significatif c'est le travail que vous accomplissez, votre manière de traiter les personnes qui sont à vos côtés. Finalement je pense que la liberté est une excellente définition du punk.

Sortie de plateau, avec d'anciennes élèves venues assister à l'émission

— Alors, ça vous a plu ?

— Elle, elle est géniale. Mais ça fait bizarre de vous voir là quand on vous a eu comme prof.

— Je sais. Moi aussi, ça me fait bizarre. Encore aujourd'hui vous avez de la chance. Le plus souvent, on n'a que de la pop de merde. Des petits minets qui se trémoussent sur du synthé en play-back. Mais Patti Smith, c'est autre chose. Enfin une artiste digne de ce nom.

— Vous lui avez parlé en coulisses après ?

— Je suis allé la remercier. Elle et ses musiciens. Avec son groupe, on aurait dit une bande d'Indiens, et elle une princesse chamane. D'entendre la voix d'une artiste, je crois que ça m'a délivré. Comme la Belle au bois dormant. Elle m'a exorcisé.

— C'était marrant, parce qu'en fait quand elle a joué son morceau, elle s'est un peu plantée, non ?

— Oui. Un petit peu.

— Mais j'ai pas compris ce qui s'est passé après.

— Elle a joué sa chanson jusqu'au bout, et à la fin ils lui ont proposé de recommencer l'enregistrement, pour que ce soit parfait. Elle a refusé. Elle a dit que ça arrivait, et que rien n'était jamais parfait dans la vie. D'habitude, les chanteurs qu'on reçoit sont hyper perfectionnistes. Ils ont la trouille de se planter.

— Ils font du play-back ?

— Souvent. Ou alors ils chantent vraiment, mais ce qu'on entend, c'est le son du CD. Enfin, ça bidouille pas mal, quoi.

— Vous avez reçu Katy Perry ?

— Elle était incroyable, elle. Tellement perfectionniste qu'elle a même demandé à la prod' d'aller lui chercher une tarte à la crème pour la mettre dans la gueule de son assistante.

— Pourquoi ?

— Aucune idée.

— Et ils l'ont fait ?

— Quoi ?

— Ils sont allés lui acheter une tarte à la crème ?

— Non.

— Ah quand même !

— Non, ils lui en ont fabriqué une, maison. Une fille de la régie a vidé une bombe de chantilly sur un fond de tarte.

— Et elle lui a vraiment mis dans la figure ?

— Non. Elle est restée au frigo.

— J'en reviens pas. Pourquoi ils lui ont fait sa tarte ?

— Parce qu'elle l'a demandé.

— Et tout est comme ça, ici ?

— C'est pour ça que ça fait du bien d'avoir Patti Smith. Elle est plus forte que la circonstance, que le dispositif du plateau, plus forte que tout. Elle transperce le truc. Un pur moment de vérité dans un univers en carton.

— C'est beau ce qu'elle a dit sur Robert Mapplethorpe. Et puis sur la poésie, qui servait à garder vivants les morts qu'on a aimés.

— Tu sais, les grandes histoires d'amour, c'est comme les planètes. Comment elle dit, dans sa chanson ? « Les chemins qui se sont croisés se recroiseront. » Elle a écrit ça pour Robert Mapplethorpe, juste avant sa mort. Tiens, tu as lu son bouquin, *Just Kids* ? C'est le livre qu'elle a écrit pour lui, ça raconte quand ils étaient juste des gamins, avec un rêve. Toi qui rêves de faire du cinéma, ça va t'inspirer.

— Vous avez marqué une page.

— Oui. J'aime bien ce passage. Elle raconte quand elle a commencé à jouer avec des musiciens bien meilleurs qu'elle. Elle avait peur. Écoute ça : « Et si je fiche tout en l'air ? Si je bousille le rythme ? » Et l'autre lui répond : « C'est impossible. C'est comme les percussions. Si tu rates une pulsation, tu crées un nouveau rythme. »

— Salut Ollivier. Alors tu dragues les filles du public ?

— Pas du tout. Ce sont d'anciennes élèves.

— Bonsoir mesdemoiselles. Ça va, c'était un gentil prof ? Il vous mettait des bonnes notes ? Vous avez aimé le concert ?

— Oui. Beaucoup.

— Dis donc. J'ai vu que t'étais allé dans la loge de Patti Smith ? Elle pue, non ? Elle a l'air sale.

En coulisses avec le rédacteur en chef

— Dis donc, le temps passe. Ta chronique commence dans une semaine.

— Et finit dans deux.

— Ce n'est pas la question, mais rien n'est prêt. Tu n'es pas venu me voir.

— Si, je suis prêt. J'ai choisi dix livres, que j'ai lus. J'ai préparé les éléments pour les trois premiers. Ils sont déjà en machine.

— Mais tu ne peux pas travailler comme ça, c'est toujours pareil ! Il faut qu'on en parle ensemble.

— C'est ce qu'on fait, non ? C'est dans une semaine. Je te dis que je suis prêt. On en parle. Ensemble.

— Mais on doit choisir les livres ensemble.

— Je pensais que pour les derniers jours, une fois que j'étais viré et qu'il n'y avait plus d'enjeu, j'aurais peut-être la liberté, enfin, de choisir ce dont j'allais parler.

— Et moi je pensais que j'aurais la liberté de te proposer des livres.

— On va pas en faire toute une histoire non plus. Vas-y, propose. Mais je te préviens, je compte les lire. Donc ne me les donne pas la veille. Tu pensais à quoi ?

— Je sais pas. Là il y a les J.O. de Londres, et il y a des livres sur les Beatles qui sortent.

— Quel rapport ?

— Londres, les Beatles...

Dans le bureau de l'un des directeurs de la chaîne

— Tu prends l'eau ?

— Ah ouais, ça... ça fuit dans le plafond.

— C'est moi ou il fait chaud ici ?

— Oui, c'est la clim, qui est en panne, je crois.

— Et tu arrives à bosser avec un mec sur un escabeau juste au-dessus de ton bureau ?

— Tu as raison... On va se mettre plutôt là, dans les canapés... Vous pensez en avoir pour longtemps ?

— Oui, quand même. Il faut tout changer. Je reviendrai pendant la pause déjeuner, ce sera plus simple.

— C'est marrant, quand je suis arrivé en bas, ils étaient en train de tourner le clip de rentrée. Même les filles de l'accueil étaient des comédiennes. Du coup je ne savais pas où m'adresser. C'est bizarre quand on a vraiment rendez-vous. Avec le patron, en plus.

— Oui, c'est un peu...

— *Brazil* !

— Bon. Alors, bilan de l'année ?

— Disons que... Si l'émission était un organisme, disons que je me suis bien entendu avec tous les organes, sauf avec ceux qui se prennent pour les cerveaux. Je ne parle pas de toi. Tu es trop loin.

— Oui, c'est violent, c'est vrai.

— C'est la première fois qu'on se parle, parce que j'ai demandé un rendez-vous, et tu vas probablement m'expliquer pourquoi je n'étais pas fait pour cette émission.

— Tout le monde le sait que c'est dur.

— Mais si tout le monde le sait, pourquoi ne pas en parler tranquillement ? Le silence, c'est le pire que vous puissiez faire.

— Tu as raison. On aurait dû se parler plus tôt.

— Je sais que tu es très occupé. Mais si je voulais te voir, c'est que j'aimerais savoir une chose. Toute sensibilité mise à part, je crois que ce qui s'est passé dans mon cas est un symptôme. D'un côté, vous venez chercher un philosophe, j'imagine parce que vous voulez offrir plus de sens, et de l'autre vous ne le laissez jamais parler, parce qu'il n'y a ni le temps ni la place pour le sens.

— On y a beaucoup pensé. C'est vrai qu'avec la crise, on doit s'adapter. Il faut briser la distance entre la télé et ceux qui la regardent. Nos valeurs, maintenant, c'est l'humanité, la solidarité, le partage. Notre cible, c'est les CSP moins. Et dans les études, eux, qu'est-ce qu'ils nous disent ? Ne cassez pas nos rêves. La téléréalité, c'est tout ce qu'on a. Alors n'utilisez pas votre intelligence juste pour vous foutre de nos gueules. C'est assez dur comme ça d'être pauvres. Si en plus vous nous prenez pour des cons... Faites-nous marrer, d'accord, mais pas à nos propres dépens. La crise va taper de plus en plus fort. Ne nous tapez pas encore plus dessus. Voilà ce qu'il dit le CSP moins. Et si on ne l'écoute pas, on est morts.

— C'est bien, tes nouvelles valeurs. Mais des valeurs pareilles, ça ne s'improvise pas. Tu ne peux pas juste les mimer. Pour les incarner, il faut y croire. Tu vas pas pouvoir leur mettre en maquillage, tes valeurs. Ça tiendra pas. Le partage, la solidarité, ils savent pas faire, c'est pas dans leurs cordes. Ils se sont tellement battus contre tout le monde pour s'imposer et survivre, c'est comme des vieux crocodiles, ils finiront jamais en sac à main, parce que plus ils vieillissent, plus ils grandissent, et plus leur cuir est épais. Ils feront tout pour rester. Tes valeurs, là, ils vont te dire formidable ! Ils vont jouer le jeu, ils vont en faire qu'une bouchée. Mais tes spectateurs, tes *CSP moins* comme tu dis, tes gens normaux, quoi, qui gagnent pas dix plaques par jour pour parler de la crise en long et en large entre deux couloirs de pub à cent briques, ils seront pas dupes. Ils ont un décodeur à connerie intégré dans le cerveau, ils te voient venir de loin.

— Je sais. Justement, on s'adapte à leurs attentes.

— Tu pourras pas leur faire croire que tu t'intéresses vraiment à eux. Ton plan, ça ressemble au *Titanic*. Tu veux faire de l'humain, mais à une taille inhumaine, avec des gens pas équipés pour. Ce n'est pas leur faute. Tu ne peux pas, du jour au lendemain, remplacer une logique de survie par une logique de partage.

— Si, c'est ce qu'on doit faire si on veut survivre, non ?

Juillet

En coulisses avec un chroniqueur

— Alors, ton année ?

— Je ne peux plus écrire, ni travailler. Ça m'a bouffé le cerveau, je n'arrive plus à former une idée. J'essaye de récupérer ma concentration, mais c'est comme quand tu es près d'un circuit de Formule 1. Tu subis une agression continue. Tu ne t'appartiens plus. Comme l'homme de sable dans Spider-Man. Tu es pris dans un accélérateur de particules, et tu te désintègres.

— C'est bientôt fini. Tu vas pouvoir recommencer à écrire.

— J'essaye de me récupérer. Pendant l'émission, j'ai pris un carnet. J'écris ou je dessine pendant tous les temps morts, la pub, les magnétos, tout ça.

— Tu dessines quoi ?

— Ce qui vient. Des requins. Des raies. Des barracudas. Des plongeurs.

— Des requins ? Fais voir.

— Des requins marteaux. Je fais le portrait des invités, parfois. Je m'occupe.

— Ah c'est pour ça qu'ils flippent tous. Ils croient que tu prends des notes pour écrire un livre.

Dans l'open space, avec le rédacteur en chef et ses adjoints

— On ne peut pas faire ta chronique aujourd'hui. C'est une émission spéciale pour le départ de ta voisine. On a pensé que tu pourrais lui offrir un livre.

— Un livre ? Ah bon ?

— On a pensé à *Madame Bovary*, de Flaubert.

— Ah bon ? Ah bon ?

— L'année dernière elle s'était plantée, elle avait parlé d'*Emma Bovary* de Balzac. Du coup, ce soir on lui passe le magnéto, et pour se foutre de sa gueule, tu lui offres *Madame Bovary*.

— C'est sympa comme au-revoir. On est obligés d'être méchants ?

— C'est pas méchant. En plus c'était pas sa faute. C'était écrit comme ça sur sa fiche. On avait merdé en amont. Elle a juste lu sa fiche. Sur le moment, personne n'a relevé, ni en régie, ni sur le plateau, ni les invités. Personne.

— *Madame Bovary*, de Balzac ?

— Bon. Tu peux parler de *Madame Bovary* pendant une minute ? C'est dans tes cordes ?

— Ça devrait aller. Les mecs, je peux prendre une photo ?

— Pourquoi ?

— J'aimerais immortaliser ce moment. Ça fait un an que je suis là. Ça fait trois mois que je n'ai pas eu de chronique littéraire. Et grâce au pot de départ de ma voisine de plateau, soudain vous me demandez de parler de ce sommet de l'actualité littéraire qu'est Gustave Flaubert.

— Bon, mais tu es d'accord pour le faire ?

— Vous savez bien que je suis toujours d'accord avec tout ce que vous dites.

— Ça aussi, il aura fallu attendre un an pour te l'entendre dire.

— C'est vrai. Tu sais pourquoi ? Le renoncement, ça prend du temps.

Invitée Ariane Massenet

MD : Ariane, vous savez, est ce qu'on appelle dans le jargon « en transversale » dans l'émission. C'est qu'elle intervient sur tous les sujets. Y compris sur la littérature. Où elle en connaît un rayon. En voici la preuve.

[Magnéto : Invitée Martine Aubry.]

AM : Quel personnage correspondrait le plus à Ségolène Royal ? Plusieurs propositions. Emma Bovary. De Balzac.

[On entend un bruit de buzzer indiquant une mauvaise réponse. Retour en plateau.]

MD : Ollivier ?

OP : Ariane, Ariane, Ariane... C'était presque ça. Et grâce à toi, je suis très heureux de pouvoir introduire un jeune auteur, assez méconnu, qui s'appelle Flaubert...

AM : Oui, je ne connais pas.

OP : ... qui a écrit un petit livre – je pense qu'il va faire une carrière – qui s'appelle *Madame Bovary...*

AM : Je, je...

OP : Et si tu veux vraiment partir en vacances et devenir informée sur qui était Flaubert, *L'Homme-plume* de Pierre-Marc de Biasi, c'est l'un des plus grands spécialistes mondiaux de... Balzac. Je t'offre les livres. Voilà.

[Applaudissements.]

AM : Merci beaucoup. Ça arrive. Voilà. Au moins j'apprendrai.

Parvis de Notre-Dame de Paris, avec Jérémie

— Tu aimes bien Victor Hugo ?

— J'adore.

— Regarde Notre-Dame. Mets-toi deux secondes à la place des architectes. D'après toi, à quel moment tu penses aux gargouilles ?

— En dernier.

— Ben voilà. Les chroniqueurs, c'est pareil. La chaîne, c'est la cathédrale. Les chroniqueurs, c'est les gargouilles. C'est à la fois ce qu'on voit le plus, et ce qui compte le moins.

— Ce qui fait que ça tient ne se voit pas.

— Quand on te remplacera, c'est là que tu te sentiras vraiment comme de la merde. Les mêmes qui ont crié au génie quand ils t'ont recruté ne te diront même pas au revoir.

— Pourquoi ?

— Au revoir, c'est pour les invités. Toi, tu es de la maison. Pas besoin d'être poli, tu as déjà eu ton chèque. À salaire anormal, relations anormales.

— Tu veux dire que le prix de l'humiliation est déjà compris dans le salaire ?

— C'est ça. Service compris, TTC. Appelle ça comme tu veux, mais tu ne peux pas te plaindre. Tout a été réglé d'avance.

— Ça ne marche pas, ton raisonnement. Il y a plein de gens mal payés qui sont traités comme de la merde.

— C'est injuste.

— Alors que là, c'est juste ?

— À choisir, tu prends quoi ? Payé une fortune à rien foutre, ou payé une misère à trimer comme un chien ?

— Alors sous prétexte que de l'argent est intervenu, personne ne va me dire au revoir ?

— Non. C'est comme quand tu vas au cinéma. Quand tu arrives, tout est beau, les lumières, on te sourit, ça clignote. Et à la fin du film, tu repars par des escaliers pourris qui sentent la pisse. En même temps, tu préférerais le contraire ?

— Non.

— Alors de quoi tu te plains ?

— J'espérais, je ne sais pas, que ce serait plus humain.

— Ça t'a fait une super-expérience quand même, non ? Tu as rencontré plein de monde.

— Plein de monde, oui. Rencontré, n'exagérons rien. C'est comme si tu disais à un mec qui bosse au péage qu'il a rencontré plein de monde. Vu passer serait plus juste.

— Tu le savais que c'était une chaîne à péage.

— Au début, j'imaginais ça comme se tenir à un carrefour, au cœur de l'actualité. Mais en fait de carrefour, c'était plutôt une autoroute.

— Il paraît que la durée de vie d'un piéton sur l'autoroute...

— Je sais. Finalement, c'est un peu ce qui s'est passé.

— Tu as tenu un an quand même. C'est un record.

— C'est vrai que j'ai rencontré plein de monde. Le jour où je suis allé voter pour la Présidentielle, je me suis fait la réflexion que j'avais discuté avec tous les panneaux. Hollande, Sarkozy, Poutou, Bayrou,

Le Pen. Ou quand je vois une pub pour Dior avec Charlize Theron, je me dis tiens c'est marrant je l'ai rencontrée. Je connais son rire, son odeur, le grain de sa peau, le goût de ses lèvres, la caresse de ses doigts, de ses cheveux... Me regarde pas comme ça, je déconne.

— Ah ! Je me disais...

— Mais ça, ç'aurait été une sacrée expérience.

— Pour elle, c'est sûr.

Septembre

Bibliothèque de l'ENS avec David

— Ça fait plaisir de te revoir avec ta tête normale. Tu as les cheveux qui repoussent. C'est parce que tu n'as plus le coiffeur gratuit ?

— C'est juste que maintenant je ne suis plus obligé de me faire couper les cheveux pour m'occuper.

— C'était à ce point ?

— Au début je me faisais couper la parole tous les jours. J'ai fini par me faire couper les cheveux toutes les semaines.

— C'est eux qui t'obligeaient ?

— Pas du tout. C'était le seul moment agréable. Mon soin capillaire. Peut-être qu'inconsciemment je me disais qu'avec les cheveux courts, je finirais par faire des phrases suffisamment courtes pour eux.

— Et alors ?

— Plus l'année avançait, moins j'avais la parole. Avec ma coiffeuse, on a fini par se faire des *private jokes* de cheveux.

— Des quoi ?

— La seconde partie de l'émission est enregistrée à 18 heures, et diffusée à 20 h 30, après la première partie qui est en direct. Donc je faisais la seconde partie à 18 heures avec les cheveux longs. Je me les faisais couper juste avant le direct, et à l'antenne j'avais donc les cheveux courts à 19 heures, et longs à 20 h 30.

— Et alors ? Tu t'es fait engueuler ?

— Non. Personne n'a jamais rien remarqué.

— Tout ça parce qu'on ne te laissait pas parler.

— On s'amuse comme on peut.

— Et maintenant ?

— Maintenant que j'ai les mots qui repoussent, je laisse mes cheveux faire des phrases.

— Tu sais ce que disait Shakespeare ?

— Je sens que ça va être long.

— Au contraire. « La brièveté est l'essence de l'esprit. »

— C'est beau, ça.

— C'est bref.

— Et pourquoi ses pièces durent trois heures ?

— Tout n'est pas comme les cheveux. Il y a des choses qu'on ne peut pas raccourcir. Et ton livre ?

— Bref. Mais pas trop.

— Fais gaffe, quand même.

— À quoi ?

— « Les mots sont des pistolets chargés. »

— Je sais.

— Et tu n'as pas peur de te tirer dans le pied ?

— On n'écrit jamais impunément.

— Tu ne crains pas qu'il y ait des... conséquences ?

— Ce qui compte, c'est justement de restaurer l'idée de conséquence. Le pire, c'est l'inconséquence.

— Qui est inconséquent ?

— Personne. Tout le monde. Ce n'est pas une question individuelle. C'est un système. Personne n'est responsable de rien. Les choses arrivent. Et personne n'y est jamais pour rien.

— C'est le propre d'un système.

— Ce n'est pas que ça. C'est le rapport au temps qui est en jeu. Les journées sont indépendantes les unes des autres. On t'insulte le lundi. Le mardi c'est oublié. Ou tout le monde fait comme si ça l'était. On peut tout dire, tout faire. Rien n'a de conséquence. C'est ça, l'inconséquence. Accompagnée de l'impunité. Quoi qu'il arrive, demain est un autre jour. Tout est permis, non pas parce que Dieu n'existe pas, mais parce que hier n'existe pas. C'est un jour sans fin. Tout recommence à zéro chaque matin.

— Comme dans *Nemo*.

— *Nemo* ?

— Le dessin animé, *Nemo*. Il y a un poisson qui s'appelle Dorie, et qui a un problème de mémoire immédiate. Elle oublie tout au fur et à mesure, tout recommence pour elle à zéro toutes les deux minutes. Le monde est toujours neuf. Aucune relation durable n'est possible.

— Voilà. Si tu veux. Donc un monde sans promesse. Un monde de pure immédiateté. Ni bien ni mal, puisque ni passé ni futur. Pas de mensonge, puisque tout disparaît au fur et à mesure. Un monde de vérités successives.

— Donc pas de vérité.

— Oui. Mais pas de mensonge non plus. Juste le rien. Le vide. L'indifférence à tout.

— L'ataraxie des dieux.

— Voilà. L'indifférence suprême à ce qui agite les humains.

— Je comprends ce que tu veux dire. Mais c'est faux.

— Qu'est-ce qui est faux ?

— Il y a des conséquences. Puisque tu as été viré. Mais sans savoir par qui, ni pourquoi. Il n'y a pas de lien explicite entre cause et conséquence, mais tout pourrait s'expliquer. En cherchant un peu. Le lien de cause à effet est escamoté, mais des décisions sont prises, quelque part, par quelqu'un. C'est un monde opaque, mais très conséquent, justement. Tellement conséquent qu'il n'y a rien à justifier. Tout est toujours évident.

— Évident ?

— Tu es entré comme un intrus dans un monde pour lequel tu n'étais pas fait. La baleine t'a recraché. C'est hyper conséquent. Au contraire de tout ce que tu penses, tu es passé dans un monde de l'hyperconséquence. Le moindre détail, le moindre mot prononcé de travers aura une conséquence que tu n'auras pas vu venir. Ce que tu devrais faire, c'est te pencher sur la question. Essayer de retrouver ton détail, celui qui a été décisif, celui que tu as payé. En même temps, le détail ne fait jamais que manifester un conflit de valeurs qui ne peut que finir par exploser. C'est un point de conversion, de renversement nécessaire, inévitable. À la seconde où tu es arrivé, tu es reparti. Mais personne ne le savait encore. Sauf dans le monde de l'hyperconséquence, où ton sort était réglé d'avance.

— Je te trouve assez fataliste. Rien n'est écrit à ce point.

— Le temps que tu décris, c'est l'éternel présent, celui des dieux et des mythes. Il y a une justice supérieure dans ce que tu as vécu comme de l'arbitraire. Une sorte de justice naturelle, qui n'a rien à voir avec les individus. La *dikè* des Grecs.

— Tu vois beaucoup de culture là où il n'y en a pas.

— L'essence de la culture n'est pas cultivée. Il y a une justice immanente à la télé, qui a tous les traits de l'injustice. Mais chacun y est exactement à sa place. Pendant le temps qu'il y reste.

Au téléphone avec mon éditeur

— Tu as pensé à un titre ?

— *Logique du renoncement.*

— Trop Deleuze.

— Mais c'est le cœur du sujet. Ou *La Suprématie du vide.*

— On dirait un essai de Lipovetski.

— *Les Chroniques du sous-sol.*

— C'est mieux. Dostoïevski. Glauque. Dilemme moral.

— *La Table.*

— C'est bien, *La Table*. Un peu trop Robbe-Grillet peut-être, nouveau roman.

— *Le Gang des potiches ?*

— Pas mal. Plus populaire. Mais ça fait règlement de comptes.

— *Conversations imaginaires avec Mister Nobody.*

— Il faut qu'on comprenne que ce sont des conversations réelles.

— *Cent dialogues de sourds.*

— C'est mieux.

— *On ne parle pas des poètes morts.*

— J'aime bien. Mais compliqué, faut expliquer.

— *On/Off.*

— C'est ça !

— *On*, tu existes. *Off*, tu n'existes pas.

Au téléphone avec Jérémie

— Tu as vu l'interview dans *Technikart* ? Il parle de toi. On lui demande : «Le philosophe Ollivier

Pourriol a également été écarté du casting cette année : quel était le problème ? »

— Et il dit quoi ?

— Je te lis ? « La télé est un art particulier : il faut savoir aller vite sans se presser. Ollivier Pourriol était très bon dans la préparation de l'émission, mais il était bloqué à l'antenne. »

— C'est vrai. J'étais bloqué. Simplement, il ne dit pas par qui.

— Attends, je continue : « Avant de poser sa première question, il avait besoin de faire une introduction, une première partie, et là c'était déjà le moment d'envoyer la pub. En résumé, c'est un vrai philosophe. »

— Il est fort. On a du mal à savoir si c'est un compliment ou une vacherie.

— C'est les deux. Comme en amour. On aime une personne pour une raison, et c'est souvent exactement pour la même raison qu'on la quitte.

— Qu'est-ce que tu veux dire ?

— Tu connais la différence entre exciter et énerver ?

— Non.

— Au début ma femme m'excitait, maintenant elle m'énerve.

— Ça n'a rien à voir.

— Non. C'est plutôt : « Au début j'adorais tes airs mystérieux. Aujourd'hui je déteste tes petits secrets. » Ce qui nous attire chez quelqu'un est précisément ce qu'on finit par ne plus supporter.

— Ah oui. « Au début j'adorais ta fantaisie. Aujourd'hui je ne supporte plus tes caprices. »

— C'est pareil. Ils voulaient un philosophe, mais ils ne savaient pas vraiment ce que c'était. Un philosophe, c'est chiant, ça n'obéit pas, ça pose des questions qu'on ne comprend pas. Maintenant, au moins, ils savent.

— Ils ne savent rien. Un vrai philosophe n'aurait jamais mis les pieds là-dedans.

— Ne sois pas trop dur avec toi. C'est sûrement vrai, mais même Socrate s'est planté. Tous ses élèves ont trahi. Il en est mort.

— Moi non.

— Tu n'as pas trahi ?

— Non. Je ne suis pas mort.

— Et donc ?

— Donc je ne suis pas philosophe.

— CQFD. Maintenant, au moins, tu le sais. Fini, le mystère.

— Comme disait Michel Bouquet après un spectacle de Luchini : « On sort d'ici renseigné. »

— Il reparle de toi à la fin de l'interview. Le journaliste lui demande s'il compte passer le bac un jour : « Vous n'imaginez pas vous inscrire un jour à l'examen ? » Il répond : « Si, j'aimerais bien passer le bac. Justement, j'en parlais récemment avec Ollivier Pourriol. Il m'a dit qu'il avait une méthode infaillible. » Le journaliste : « Une méthode pour quoi ? Pour tricher ? » Lui : « Non, pour réussir à tous les coups. » Vous avez vraiment parlé récemment ?

— C'était il y a environ un an. C'est vrai, je lui ai dit que s'il voulait vraiment avoir le bac, je pouvais le faire travailler.

— Ah c'est ça la méthode infaillible ? Le travail ?

— Non, il parle de mes cours avec des extraits de films. Mais j'étais sérieux. Je pensais que ça aurait pu faire une bonne émission de téléréalité, ou plutôt de télé-développement : prendre des stars de la télé qui n'ont pas le bac, et les voir travailler, jusqu'à l'examen final, qu'elles passeraient pour de vrai. Je trouvais que c'était un bon message. Il n'est jamais trop tard pour apprendre.

— Finalement il a l'air de t'apprécier, malgré tout.

— Un « vrai philosophe »... Quand ils m'ont recruté, c'était un compliment. Aujourd'hui c'est devenu une tare.

— Ce n'est pas la phrase qui change, mais son sens.

— Une vraie leçon d'ambiguïté.

— C'est très fort.

— Ah mais il est très fort. Tu sais ce que disait Platon, que les philosophes devaient être rois ? Là, les rois ce sont les cancres. J'ai été prof, je les connais toutes, les techniques pour faire semblant de savoir sans avoir appris, pour parler d'un livre qu'on n'a pas lu, dire du bien d'un film qu'on n'a pas aimé, poser une question écrite par quelqu'un d'autre, répéter une information qu'on vient de te souffler à l'oreille.

— Ah ben oui, l'oreillette, en fait c'est de la triche.

— Et le prompteur aussi. Lire une phrase que tu n'as pas écrite en faisant comme si tu improvisais... Les rois de la pompe industrialisée.

— Il y a des fiches quand même. Tu me disais que les fiches étaient faites par des génies.

— Comme au collège. Les bons élèves font les devoirs des mauvais, qui leur filent un pain au chocolat pour les dédommager. Le monde à l'envers. Tout ce qui te vaudrait la taule le jour du bac, il faut le faire si tu veux t'en sortir.

— La revanche des cancres !

— Et dans ce monde inversé, j'ai fait l'expérience de ma nullité.

— Nul comment ?

— Nul au sens de désespérément normal. Sans relief. Je ne me suis jamais senti à la fois aussi déplacé et nié. À chaque fois qu'on m'a dit que j'étais intelligent, c'était pour me signifier mon inadaptation. C'est très paradoxal, parce que l'intelligence c'est l'art de s'adapter. Et donc plus on me disait que j'étais intelligent, plus on me prenait pour un con.

— Adieu veaux, vaches, Platon.

— Le plus drôle, c'est que bien tricher exige de vraies qualités : rapidité, sang-froid, mémoire immédiate, répartie, anticipation. En fait, faire semblant d'avoir lu un livre devant deux millions de personnes et face à l'auteur, quand tu y penses deux secondes, est beaucoup plus difficile que se contenter bêtement de le lire. Il a raison. C'est un métier.

— Et maintenant ?

— Maintenant, je vais faire le mien.

Pôle Emploi

— Vous avez votre dernier bulletin de salaire ?

— Voilà.

— Votre métier ?

— Cette année, vous voulez dire ?

— Oui. Vous faisiez quoi ?

— Je posais des questions. Enfin, j'essayais.

— À qui ?

— À des gens. Pour mettre de l'ambiance.

— À des gens ?

— Oui, des chanteurs, des acteurs, des hommes politiques.

— Ah ben oui, c'est écrit là, vous étiez « animateur ».

— Voilà. Enfin co. Co-animateur.

— Vous étiez une équipe ?

— Non, on était plusieurs.

— Une minute, s'il vous plaît. Je cherche dans ma base. Voilà. Animation. Vous cochez les compétences qui correspondent à votre activité. C'est là. Animation en maison de retraite, par exemple.

— En fait non, c'est animateur, mais d'émission.

— D'émission quoi ? Radio ?

— Télé.

— Ah ben moi j'ai que ça. Animation. Regardez : en centre de loisirs. En maison de retraite. C'est quand même à peu près la même chose. On peut mettre ça en attendant. Vous acceptez quel salaire ?

— J'en sais rien. Il faut mettre quoi ?

— Dans votre dernier emploi, vous étiez à combien ?

— C'est marqué là.

— Bon, voilà. Je mets que vous acceptez un minimum de cinq cents par jour.

— Vous allez vraiment écrire ça ?

— C'est ce qui est écrit. Et si des offres de postes d'animateur se présentent, vous recevrez un courrier du Pôle Emploi. Enfin, tout ça est très virtuel, évidemment. J'imagine que ça ne passe pas vraiment par nous, les recrutements. C'est marrant que je ne trouve pas votre case, je vais demander à mon collègue, je reviens.

— ...

— Voilà, mon collègue me dit qu'en fait vous n'êtes pas dans la bonne case. Ce n'est pas animateur tout court. Mais vos camarades de la télé ne sont pas non plus inscrits comme « animateurs d'émission ».

— Ils sont quoi, journalistes ?

— Ah non, pas journalistes. Pour avoir le statut d'intermittents, ils s'inscrivent comme « collaborateurs artistiques ».

— Collaborateurs ?
— Oui. Mais artistiques, quand même.
— Bon ben merci. Au revoir.
— Au revoir. C'est marrant, vous étiez dans quelle émission ? Parce que je ne vous ai jamais vu.

Invité Jacques Prévert

MD : Jacques Prévert, bonsoir. Alors, ce n'est un secret pour personne que vous êtes mort depuis un certain temps. C'est la première fois que nous vous recevons, et nous sommes très heureux de vous compter parmi nous ce soir. Ça n'a pas été facile de vous convaincre. Vous avez été, pardon, vous êtes toujours le plus grand poète du monde. Vous avez également écrit des films qui sont restés dans la mémoire collective comme *Quai des brumes* ou *Le jour se lève*, qui sont vraiment très réussis, très esthétiques, en noir et blanc notamment, mais toujours d'actualité malgré tout. Alors première question : pourquoi avoir gardé le silence aussi longtemps ?

JP : Mais parce que j'étais mort, justement.

[Rires. Applaudissements.]

MD : Oui, alors justement, on y vient.

AM : Oui. Ça tombe bien. La question qu'on se posait tous aujourd'hui au bureau : Jacques Prévert, c'est comment la mort ?

JP : Comment ?

MD : La question, en fait, c'est : est-ce que c'est vrai ce qu'on dit, vous êtes devenu très riche grâce à la poésie, et que vous seriez mort – je parle, ça ne vous a pas échappé, au conditionnel – pour échapper aux impôts ?

AM : Est-ce que vous n'êtes pas mort aussi pour briser un peu votre image de plus grand poète vivant au monde ?

JP : Vous savez, je mène une mort très simple.

MD : Vous préférez rester loin de la frénésie de la vie.

JP : Voilà.

AM : Parce que, vous êtes très très connu quand même, même aujourd'hui. Pour vous donner un exemple, quand j'ai dit à ma coiffeuse que ce soir on recevait Jacques Prévert, elle m'a dit : comme le poète ?

JP : « Jacques Prévert, comme le poète ? » est probablement la question qu'on m'a le plus posée durant toute ma vie. Dès que j'allais à un guichet, à la banque, à la Poste, partout.

[Rires.]

MD : Et vous répondiez quoi ?

JP : Comme le poète.

MD : Et on ne vous la pose plus ?

JP : Si. La preuve.

MD : La preuve vivante.

[Rires. Applaudissements.]

JMA : Il faudrait tout de même être plus catégorique que ça. On dit beaucoup sur les blogs que vous êtes mort un peu par calcul, tout de même, peut-être même par *ambition*.

MD : Non !

JMA : Si. Il y a des indices, parce que si l'on en croit votre confrère Dante Alighieri, par exemple, qui n'est pas n'importe qui tout de même, dans le premier cercle de l'Enfer on ne laisse entrer que les plus grands philosophes, les plus grand poètes, les Socrate, Platon, Euripide.

MD : Vous avez voulu changer de division, quoi.

JMA : Vous ne pourrez pas le dire ce soir, j'imagine que votre contrat vous l'interdit, mais je pense que ça a dû pas mal jouer dans votre décision.

JP : Pas du tout. Je suis mort tout simplement. Comme tout le monde.

JMA : Alors ça, c'est de la pure démagogie.

MD : Non !

JMA : Si si. Parfaitement.

AM : Jean-Michel !

JMA : Je pense, et je n'ai pas peur de le dire, que c'est de la pure démagogie.

AM : C'est toujours votre ami, Robert Desnos ?

OP : Jean-Michel, tu ne peux tout de même pas dire une chose pareille. C'est un poète !

JMA : De la pure démagogie !

AM : En deux mots...

JMA : J'ai dit ce que j'avais à dire.

AM : En deux mots, Jacques Prévert, peut-être que vous pourriez nous dire exactement ce que vous entendez par « comme tout le monde ».

MD : En deux mots.

JP : Comme vous.

AM : Et c'est toujours votre ami, Robert Desnos ?

JP : Oui. Je parle toujours aux morts. C'est très mystérieux de voir un mort. C'est déjà si mystérieux de voir un vivant !

[Rires.]

MD : Merci pour cet éclaircissement. Alors, nous aussi sur ce plateau nous avons en quelque sorte notre poète de service, qui a une question pour vous. Ollivier ?

OP : Jacques Prévert, j'ai envie de vous demander...

Pas de relance, c'est fini.

MD : Ollivier, en un mot ?

OP : J'ai envie de vous demander...

C'est la pub.

MD : Eh bien Jacques Prévert merci. Nous vous souhaitons de poursuivre votre belle mort, en toute simplicité. Revenez quand vous voulez. Vous serez toujours le bienvenu à cette table. Vous êtes ici chez vous.

Liste des personnages

Équipe de l'émission :

Michel Denisot (MD)
Jean-Michel Apathie (JMA)
Ariane Massenet (AM)
Solveig Rediger Lizlow (S)
Mouloud Achour (MA)
China Moses (CM)
Ollivier Pourriol (OP)

Invités :

François Hollande (FH)
Johnny Hallyday (JH)
Franck Dubosc (FD)
Valérie Lemercier (VL)
Stéphane Hessel (SH)
Jacques Vergès (JV)
Roland Dumas (RD)
Bono (B)
Bernard-Henri Lévy (BHL)

Henri Guaino (HG)
Harry Roselmack (HR)
Christine Boutin (CB)
Jean-Pierre Foucault (JPF)
Michael Fassbender (MF)
David Douillet (DD)
David Cronenberg (DC)
Viggo Mortensen (VM)
Vincent Cassel (VC)
André Bercoff (AB)
Jacques Attali (JA)
Glenn Close (GC)
Pierre Lescure (PL)
Antoine de Caunes (AC)
Philippe Gildas (PG)
André Manoukian (AMa)
Marine Le Pen (MLP)
François Bayrou (FB)
Nicolas Sarkozy (NS)
Nikos Aliagas (NA)
Louis Bertignac (LB)
Garou (G)
Jenifer (J)
Florent Pagny (FP)
Nicolas Dupont-Aignan (NDA)
Nicole Kidman (NK)
Patti Smith (PS)
Ariane Massenet (AM)
Jacques Prévert (JP)

Liste des émissions

Canal Plus, « Le Grand Journal »

29/08/11 invité François Hollande
15/09/11 invité Johnny Halliday
29/09/11 invités Franck Dubosc et Valérie Lemercier
04/10/11 invité Stéphane Hessel
05/10/11 invités Roland Dumas et Jacques Vergès
19/10/11 invité Bono
20/10/11 invité Bernard-Henri Lévy
07/11/11 invités Harry Roselmack et Henri Guaino
09/11/11 invité Bernard-Henri Lévy
24/11/11 invitée Christine Boutin
28/11/11 invités Jean-Pierre Foucault et Michael Fassbender
06/12/11 invité David Douillet
12/12/11 invités Viggo Mortensen, David Cronenberg et Vincent Cassel
16/12/11 invité André Bercoff
04/01/12 invité Jacques Attali

20/02/12 invités Pierre Lescure, Antoine de Caunes, Philippe Gildas et Glenn Close
09/03/12 invités Marine le Pen et André Manoukian
15/03/12 invité François Bayrou
16/03/12 invité Nicolas Sarkozy
06/04/12 invités Nikos Aliagas, Louis Bertignac, Garou, Jenifer et Florent Pagny (The Voice)
10/04/12 invité Nicolas Sarkozy
13/04/12 invité Nicolas Dupont-Aignan
18/04/12 invité François Bayrou
03/05/12 invité Nicolas Sarlozy
04/05/12 invité François Hollande
23/05/12 invitée Nicole Kidman
20/06/12 invitée Patti Smith
08/07/12 invitée Ariane Massenet

La photocomposition de cet ouvrage
a été réalisée par
GRAPHIC HAINAUT
59163 Condé-sur-l'Escaut

Cet ouvrage a été imprimé
en mars 2013 par

CPI

FIRMIN-DIDOT

27650 Mesnil-sur-l'Estrée
N° d'édition : 52851/01
N° d'impression : 117496
Dépôt légal : mars 2013

Imprimé en France